O Arresto
- do -
Windhuk

O Arresto
- do -
Windhuk

Recordações de uma
luta judiciária

Memórias, ensaios e crônicas de

José Thomaz Nabuco

por ocasião de seu centenário

PREFÁCIO DE

Fernando Pedreira

Bem-Te-Vi

Rio de Janeiro
2003

Editoras responsáveis
Vivi Nabuco e Lucia de Almeida Braga

Editoria executiva
Lélia Coelho Frota

Editores de texto
Fernando Pedreira
José Thomaz Nabuco, filho
Pedro Nabuco

Projeto e Produção Gráfica
Victor Burton

Assistentes de Design
Angelo Allevato Bottino
Fernanda Mello

Notas
Joaquim Aurélio Nabuco
José Thomaz Nabuco, filho
Pedro Nabuco

Assessoria Jurídica
Manoel Nabuco

Revisão
Editoria da Bem-Te-Vi

Apoio administrativo
Adélia Santos de Almeida
Evandro José Salvino
Marcello Braga Machado

Conselho Consultivo
Anna Letycia
Armando Freitas Filho
Gilberto Velho
Luiz Paulo Horta
Mário Carneiro
Moacir Werneck de Castro
Ricardo Cravo Albin
Sérgio Augusto
Sérgio Rodrigues
Silviano Santiago

Agradecimentos
Afrânio de Mello Franco Nabuco
Dionísio Dias Carneiro
João Marcos Nabuco
João Maurício Nabuco
João Pedro Gouvêa Vieira
Joaquim Nabuco
Maria do Carmo (Nininha)
Nabuco de Magalhães Lins

Reprodução fotográfica
Pedro Oswaldo Cruz

Guardas
52, Cornwall Gardens, Londres
Casa onde nasceu o autor

Rua Icatu, 91, Rio de Janeiro
Casa construida em 1937 pelo autor, que nela
viveu por décadas com sua familia
Foto Joaquim Nabuco

BEM-TE-VI PRODUÇÕES LITERÁRIAS LTDA.
Avenida Presidente Wilson 231, 10° andar
CEP 20031-021 — Rio de Janeiro — RJ
Tel. 55 21 3804 8678
Fax 55 21 3804 8670
bem-te-vi@bem-te-vi.net

Um Jovem Advogado

Este é um livro surpreendente. Reúne escritos de um profissional que construiu, ao longo do século, uma das mais bem conceituadas e notáveis bancas de advocacia do Rio de Janeiro e do país. Segundo o testemunho dos seus próprios colegas, como Evandro Lins e Silva ou Gouvêa Vieira, Nabuco abriu, para sua profissão, rumos e modos de ver e proceder novos, adequados aos tempos e oportunidades (e necessidades) novas que começavam a nascer em sua época. Foi um inovador. Mas não se encontrará, aqui, a defesa ou a exposição de complicados argumentos e teses jurídicas ou deontológicas.

Ao contrário, o que faz mestre Nabuco é contar com simplicidade e graça suas aventuras, registrar grandes e pequenas vitórias ou derrotas, afirmar e discutir opiniões e convicções com surpreendente franqueza, muitas vezes contra a opinião da maioria e, mesmo, a evidente tendência do tempo. Nabuco é um destemido; não tem medo de dizer o que pensa, embora prefira sempre dizê-lo sem arrogância, sem valentias, e, até, com serena e doce gentileza.

Tem-se vontade de dizer que seus escritos são menos de jurista que de jornalista. Ou antes, são memórias e crônicas de um jornalista que era, antes de tudo, advogado; construía, como advogado, os fatos (e as convicções) que ia depois registrar ou descrever e defender como jornalista.

O episódio que abre as páginas deste livro, o caso do arresto dos navios do Eixo em portos brasileiros, durante a guerra, é característico. O Brasil, o mundo, naqueles anos difíceis e decisivos, estavam mais para lá do que para cá. O governo, o ditador Getúlio Vargas, os altos chefes militares, a grande hierarquia católica, eram todos simpáticos ao nazismo alemão, a Mussolini, ao Japão militarista. O mais destacado general da época, Góis Monteiro, proclamava: "Precisamos aprender a agir niponicamente!" Nas escolas, nos colégios de padre onde estudávamos, os professores nos reuniam na hora do recreio para cantar em côro a *Giovinezza*, o hino da juventude fascista. Ainda agora, seus acordes me soam nos ouvidos.

Nabuco refere-se, *en passant*, aos seus encontros (e desencontros) com Oswaldo Aranha e Chico Campos, ministros da época. Mas, a batalha foi ganha, afinal. Havia outro Brasil libertário e democrático, por trás do jovem causídico que voava para Porto Alegre ou Salvador em antediluvianos hidroaviões da Condor, pingando de cidade em cidade, virtualmente só em sua empreitada, abandonado, a certa altura, até mesmo pelo escritório londrino que havia contratado seus serviços. A história dos arrestos, contada pelo seu próprio modesto e determinado agente, é patética e comovente: lição de cidadania.

A mesma lição, talvez ainda com mais força, vem do episódio seguinte, o da tentativa de veto à candidatura Vargas, em 1950; e, desta vez, não com vitória, mas derrota. A idéia de barrar o caminho do candidato parecia a muitos, e até a amigos de Nabuco, inviável, impolítica, antidemocrática, mesmo. Getúlio tinha consigo, ou parecia ter, o povo, a grande maioria. Como negar à maioria seu preferido? Mas, se numa democracia, o povo é rei, o dever do cidadão, diante desse rei novo, não é curvar-se, baixar a cabeça como faziam os cortesãos diante dos reis antigos, mas, ao contrário, erguer-se diante dele, defender o direito e a liberdade, impor ao novo soberano a lei nova, que vale para todos. O caminho oposto é o da tirania e da ditadura. Lendo os artigos subsequentes de Nabuco, se verá que ele não se deixou abalar pelo malogro de 1950, assim como não se deixara abater, antes, nos próprios anos da ditadura (1937-45) embora a consagração popular do ex-ditador nas urnas deva tê-lo, como a tantos de nós, humilhado e entristecido.

O Rio de Janeiro era então, ainda, a corte; sede e centro de um poder que vinha do Império e que se apoiava, fortemente, em sua estrutura oligárquica, tradicional; uma corte que não sabia, ainda, do seu fim já tão próximo, conseqüência da criação de Brasília, em 1960. À medida em que Nabuco crescia e se firmava profissionalmente, sua própria casa, na rua Icatu, à qual ele se refere com tanto carinho na crônica sobre Portinari ("Candinho ou a Floresta Brasileira"), tornava-se um "salão", pólo de política e de cultura que reunia o que havia de melhor e mais expressivo, na época, e recebia os visitantes estrangeiros mais notáveis, entre eles, Fidel Castro, logo depois de sua vitória em Cuba. (Fidel não havia ainda se declarado comunista; foi recebido como herói libertador na rua Icatu, no Rio, e, em São Paulo, na fazenda "Louveira", da família Mesquita).

Eis aí o que deve ser matéria para historiadores. O "salão" da rua Icatu foi talvez o último de um tempo em que o Rio e o Brasil, embora ainda embrulhados em sua provinciana modéstia, pareciam certamente mais cultos e brilhantes do que são hoje, neste centenário do próprio José Thomaz. Nos jornais em que Nabuco escrevia (escreveu, como se verá, quase até ontem), colaboravam regularmente Alceu Amoroso Lima, Gustavo Corção, Eugenio Gudin, Álvaro Lins, Octavio Tarquínio de Souza, Barbosa Lima Sobrinho... A rua Icatu misturava-se à História, confundia-se com ela. Eu mesmo, jovem jornalista, lembro-me de ter lá ido numa noite memorável: a noite em que os exércitos da União Soviética e do Pacto de Varsóvia esmagaram a "Primavera de Praga", na Checoslováquia; e em que uma bomba explodia num quartel da polícia militar da rua Voluntários da Pátria, vizinha da Icatu, anunciando os anos de violência, terror e ditadura que o AI-5 logo consagraria. O mês era agosto (se bem me lembro) e o ano, 1968.

Enfim, fiquemos por aqui. É preciso não esquecer que, num livro, a função do prefaciador está menos próxima do arauto que do mordomo; seu papel é apenas abrir a porta, e deixar entrar os leitores.

Fernando Pedreira

O Arresto

- do -

Montevideo

- e do -

Windhuk

em portos brasileiros

Recordações de uma

luta judiciária

O Arresto do Montevideo

Lembro-me bem de como tudo começou.

Estava eu almoçando em casa de meu sogro, Afrânio de Mello Franco[1], nos confins de Copacabana, num domingo, quando fui chamado ao telefone. Era o meu velho amigo Olavito (Olavo Egydio de Souza Aranha) que me leu um telegrama que acabava de receber dos banqueiros de Londres, J. Henry Schroder & Co. Tomei nota do texto num retalho de papel que trazia no bolso. O telegrama dizia o seguinte:

We are holders of a mortgage registered in Hamburg, Germany, on a German ship in respect of a loan now in default. If ship in Brazilian port what steps can be taken to enforce our security by attachment and sale of ship. We hold official notification from Hamsgericht Hamburg Germany of registration of mortgage and loan contract provides that in the event of default we are entitled to such satisfaction from any pledged object.[*]

---

[1] Político internacionalista (1870-1943), representante do Brasil na Liga das Nações (1923-25). Ministro das Relações Exteriores do Governo Provisório de 1930 a 1933.

[*] Somos portadores de hipoteca registrada em Hamburgo, Alemanha, de um navio alemão, relativa a um empréstimo ora inadimplente. Se o navio estiver em porto brasileiro que medidas podem ser tomadas para garantir nossa fiança pelo embargo e venda do navio. Temos notificação oficial de Hamsgericht Hamburgo Alemanha do registro da hipoteca e o contrato de empréstimo estabelece que no caso de inadimplência estamos autorizados a solicitar qualquer objeto penhorado como pagamento.

Estávamos em outubro de 1939. A Alemanha invadira a Polônia. Depois de tantos êxitos anteriores, na sua expansão e na sua ruptura do Tratado de Versalhes, esperava ela, talvez, que essa operação pudesse transcorrer sem acarretar os horrores de uma nova convulsão, por ser dirigida, supostamente, contra o Corredor de Dantzig, que era talvez o menos justificável dos cortes que sofreu no Tratado.

Mas, 24 horas depois, a França e a Inglaterra honraram seus compromissos com a Polônia, declarando guerra à Alemanha. Sem meios de completar pela força das armas a declaração formal que haviam apresentado, a situação transformou-se numa *drôle de guerre*, como era chamada pelos franceses, pois o país estava em guerra mas não havia combates na frente ocidental.

A Inglaterra, a rainha dos mares, movimentou a sua esquadra e deu início ao bloqueio da Alemanha e à caça dos seus navios mercantes. Muitos destes refugiaram-se nos portos neutros em que se encontravam, ou nos mais próximos, se estivessem ao mar. Outros procuraram alcançar Hamburgo, furando, a grande risco, o bloqueio. Mas os ingleses, nem mesmo em portos neutros, quiseram deixá-los sossegados.

Percebi que o telegrama, além de corresponder provavelmente a uma questão de grande vulto, proporcionava-me a oportunidade de prestar serviço de valor à causa dos aliados, com a qual vinha identificado por toda a vida e, até, por tradição de família.

Acabado o almoço, e contando à minha mulher o que se passava, desci à biblioteca de meu sogro e comecei a estudar. De direito marítimo só sabia o pouco que me restava do meu curso de direito na Faculdade de Ciências Jurídicas e Sociais, e de outro que tomei na Universidade de Columbia, em Nova Iorque, depois de formado. Mas nunca tinha tido ocasião de aviventar qualquer das lições ou de tratar de um caso de direito marítimo nos tribunais.

Surgiram-me logo pela frente duas grandes dificuldades. A primeira, era a da competência da justiça brasileira para conhecer da demanda, e a segunda, um dispositivo do Código Comercial que só permitia o arresto de navio estrangeiro nos nossos portos por dívida contraída no Brasil.

Quanto à questão da competência, não existia, ainda, o Código de Processo único para o país inteiro. Cada Estado tinha o seu e eu não sabia em qual deles se encontrava o navio. Não quis telegrafar perguntando, porque cada telegrama era um risco. O navio podia vir a saber do que pairava sobre ele e pôr-se ao mar ou mesmo receber carga além de ¼ da sua capacidade, o que também tornava impossível a sua detenção nos nossos portos, segundo o velho código do comércio.

Pus-me, então, a examinar os códigos de processo dos nossos principais estados marítimos. Em todos eles encontrava-se consagrado o princípio de que o réu deve ser demandado no foro do seu domicílio. A ação deveria ser movida contra os proprietários do navio, e o seu domicílio era no exterior. Não se havia ainda introduzido o princípio de âmbito largo do atual código de Processo, que permite acionar no Brasil, em qualquer lugar, quem aqui não tenha domicílio.

Os códigos reconheciam, também, a competência dos seus tribunais para questões relativas a imóveis. Mas um navio seria imóvel? A maioria dos autores, que fui examinando, negavam-lhe essa qualidade, embora fosse suscetível de hipoteca.

O código pernambucano dava uma esperança, pois estabelecia a competência do lugar para as ações reais e seria possível sustentar que isso abrangia os bens móveis, embora a maioria dos autores não fosse favorável à competência fundada na localização dos bens móveis, devido à facilidade com que podem ser transferidos de uma jurisdição para outra.

O do Rio Grande do Sul, porém, era o único que continha um dispositivo favorável, que dizia que um estrangeiro, mesmo não residente no estado, podia ser demandado no estado, quando se tratasse de bens móveis ou imóveis nele situados.

Mas o navio estaria no Rio Grande?

Três dias depois de recebido o telegrama do Schroder, dei ao Olavito o texto seguinte, que ele, cautelosamente, transmitiu à Casa Schroder de Nova Iorque, por achar que essa via oferecia menos perigo de chegar nossa comunicação ao conhecimento dos alemães do que um telegrama enviado para Londres:

*Counsel informs jurisdiction of Brazilian Courts for sale will be difficult to establish unless loan agreement contains special stipulation justifying such jurisdiction. Mere attachment pending decision by foreign court might be easier to obtain either on direct application here or on request by such foreign court. We would recommend starting foreclosure proceedings and if court declines jurisdiction then applying for attachment. Will cover details regarding evidence and powers required should you decide to proceed.**

No dia 19 chegava a resposta inglesa, sempre via Nova Iorque:

*Please start foreclosure proceedings as soon as possible. We are mailing you certified and legalized copies of loan contract and power of attorney enabling Nabuco represent us in Court proceedings. Please cable any further requirements. In case of foreclosure granted should we be responsible for harbour dues and other charges past and future? In case of attachment would position be the same?**

---

* Advogado informa competência de tribunais brasileiros para venda será difícil de estabelecer exceto contrato de empréstimo contenha estipulação expressa justificando tal competência. Mero embargo dependente de decisão de côrte estrangeira seria mais fácil de obter seja por meio de pedido direto aqui ou por solicitação de côrte estrangeira. Recomendaríamos início de processo de execução e se o juiz declinar jurisdição então peticionar por embargo. Detalharemos sobre provas e procuração necessárias caso desejem prosseguir.

E mais o seguinte:

Reference our cable ships are motor vessel Porto Alegre *reported lying at São Francisco and motor vessel* Montevideo *reported lying at Porto Alegre.*[**]

Esses telegramas me foram entregues pela secretária do Olavo, com um recado que ele podia ser encontrado no clube, que era o Jóquei.

Estranhei a preocupação com despesas portuárias, numa causa do porte que eu imaginava, e num serviço, como se tinha em vista, à causa aliada.

Mas a notícia principal era a de que um dos navios estava em Porto Alegre, justamente o porto mais favorável, do ponto de vista da competência.

No dia 20 escrevi ao Presidente do Schroder de Nova Iorque, Gerald F. Beal, uma longa carta expondo a situação quanto à competência, informando quais as despesas portuárias que oneravam o navio e, diante da preocupação revelada por meus clientes em matéria de despesas, avisando que, embora eu não soubesse o vulto do empréstimo, no Brasil existia um imposto de selo, à razão de 3,6 por mil devido, mesmo sobre contratos feitos no exterior, que viessem a ser usados aqui.

O estado de Santa Catarina nenhum dispositivo tinha que facilitasse a competência desse estado quanto ao M.V. *Porto Alegre*. Concentrei-me, então, no *Montevideo*.

---

[*] Por favor iniciem processo de execução o quanto antes. Estamos postando cópias autenticadas e legalizadas de contrato de empréstimo e procuração autorizando Nabuco a nos representar no processo. Por favor telegrafem quaisquer requisitos adicionais. No caso de provimento da execução seríamos responsáveis por custos portuários e demais taxas pretéritas e futuras? Em caso de embargo seria a posição a mesma?

[**] Com referência ao nosso telegrama as embarcações são navio a motor *Porto Alegre* que informam estar em São Francisco e navio a motor *Montevideo*, assinalado em Porto Alegre.

Ao mesmo tempo vinha dando buscas para ver se, por acaso, poderia alguém, destacando-se pela inteligência e pela imaginação, ter descoberto alguma brecha pela qual se pudesse atravessar o dispositivo tão claro e sólido do Art. 482 do código comercial que dizia:

Os navios estrangeiros surtos nos portos do Brasil não podem ser embargados nem detidos, ainda mesmo que se achem sem carga, por dívidas que não forem contraídas no território brasileiro (O código original dizia "do Império" mas a minha edição recente dizia "brasileiro").

Começou, então, a derrubada de livros das prateleiras, no meu escritório, em casa do meu sogro e em livrarias. E a busca não foi improdutiva. Na "Revista de Direito", que hoje se encontra em poucas bibliotecas da nova geração, encontrei uma sentença de Manoel Ignácio Carvalho de Mendonça, a quem sempre dediquei imensa admiração, pela clareza do seu espírito e simplicidade de suas exposições, irmão do nosso maior comercialista, J. X. Carvalho de Mendonça, este mais conhecido pela grande divulgação que teve e utilidade do seu Tratado de Direito Comercial. Mas a sentença do Manoel Ignácio correspondeu às minhas esperanças e não desmereceu, no meu espírito, ao conceito em que o punha numa paridade com Teixeira de Freitas[2] e Lafayette[3].

Nessa sentença ele concedia o arresto de navio estrangeiro por dívida contraída em alto-mar (abalroamento), por entender que o Art. 482 do código comercial contrariava o Art. 72 da Constituição, no tocante à igualdade entre brasileiros e estrangeiros. E tão claro é o seu fundamento, o seu raciocínio, que esse Art. 482, que tanto me assustara no princípio, não foi mais, para mim, objeto de preocupação,

---

[2] Augusto Teixeira de Freitas (1816-1883) considerado o maior jurista brasileiro do século 19.

[3] Lafayette Rodrigues Pereira, jurista.

nem nessa penhora que vim a fazer do *Montevideo*, nem nos diversos arrestos e penhoras que, depois, vim a fazer de outros navios estrangeiros nos nossos portos.

Demoraram os ingleses alguns dias a aprontar os documentos necessários ao ajuizamento da demanda e a enviá-los devidamente legalizados pelo nosso consulado.

Afinal recebi-os a 9 de novembro e no dia seguinte os entreguei ao Dr. Pedro Marques, tradutor público, amigo e a quem também muito admirava, que os devolveu traduzidos e legalizados, quatro dias depois.

Para pagamento do imposto do selo os ingleses me enviaram 1.500 libras, mas não foram necessárias, porque apresentados os documentos à Recebedoria em forma de certidão, esta apenas cobrou o selo por folha, de valor insignificante, comprovando assim a teoria que não se deve nunca temer nada: os perigos que se receia não acontecem e as dificuldades vêm sempre de onde menos se espera.

Neste ínterim, já havia conversado com Sizínio Rodrigues, meu companheiro do tempo em que fiz parte do Departamento Legal das Empresas Elétricas Brasileiras (1927-1930), sobre a escolha de um advogado em Porto Alegre. A conselho dele procurei o escritório Martins Costa, cujo fundador, Dr. José de Almeida Martins Costa, eu já tivera a felicidade de conhecer em Porto Alegre, nos dias de Borges de Medeiros, quando o Rio Grande liderava o Brasil na probidade de sua administração e do seu meio comercial.

Assim, munido dos documentos indispensáveis, segui para Porto Alegre num avião da *Condor*, achando uma certa graça em estar utilizando serviços que a Alemanha mantinha no Brasil para arrestar navios alemães.[4]

O avião, pelo que me lembro, chamava-se *Atlântico* e era um hidroavião com motor refrigerado a água, desses que saíam às 6 da manhã e chegavam às 6 da tarde, parando pelo caminho. Um dos vidros da cabine estava quebrado e entrava um vento terrível. O avião voava baixo e sacudia o tempo todo, sobretudo ao passar sobre os morros intermináveis da nossa costa, que provocavam ondas nas correntes aéreas. O radiador estava vazando e daqui a Santos paramos duas vezes, uma na Ilha Grande, outra em São Sebastião, para acrescentar água. Daí em diante a viagem seguiu com pousos em Santos, Cananéia, Paranaguá, Florianópolis, Torres e Porto Alegre.

Muitas vezes a viagem demorava tanto que não se podia completá-la num só dia e com luz do sol. Lembro-me que contavam que o general Flores da Cunha, uma tarde, chegando a Torres com atraso, o piloto falou que iriam pernoitar lá porque não dava tempo de chegar a Porto Alegre e que o Flores sacou de uma garrucha e disse ao piloto: "Vamos de qualquer jeito". Esse foi o primeiro sequestro de aviões de que ouvi falar na minha vida.

O preço da passagem foi de 200 mil réis. Não sei quanto isso representaria hoje. Escrevendo em Petrópolis numa segunda-feira de carnaval fico, também, me lembrando de que quando era rapaz, retrocedendo mais uns 10 ou 20 anos, não se podia sair à rua nesse dia sem levar uma ducha d'água proporcionada por um carnavalesco.

Aliás, o meu escritório no Rio, a base das minhas operações, também era de alemães, sendo parte do prédio do Banco Alemão-Transatlântico, de quem eu o alugava. A mesma sala havia sido, se não me engano, escritório de Eduardo Espinola, antes do seu ingresso no Supremo Tribunal Federal.

De lá saí pouco depois. Em abril do ano seguinte, o Banco pediu-me a sala, onde eu já trabalhava há dez anos (desde junho de

---

[4] **N. do A.** Há, aqui, uma ligeira transposição de fatos. Pelo recibo no arquivo viajei pela Panair. Utilizei a linha alemã numa outra ocasião posterior.

1930), dizendo que precisava dela para expansão de suas atividades. Perguntei-lhes para quando precisavam e me disseram: "Para julho ou agosto. O mais tardar até setembro". Era o velho sonho alemão da vitória numa *blitzkrieg*. Seguros da queda da França, pensavam que nada se interpunha entre eles e a expansão pelo mundo. Não era crível que a Inglaterra, sozinha, fosse recusar as suas ofertas de paz, que não importavam em nenhum sacrifício.

Chegando a Porto Alegre, dirigi-me imediatamente ao escritório Martins Costa e lá encontrei o Camillo[5], de quem vim a me tornar amigo, preso pelas mais tenras fibras do meu coração. Juntos tomamos, no dia seguinte, um vapor para o Rio Grande e ali nos instalamos no Hotel Paris, que é um belo exemplar de arquitetura do Império; digamos, da nossa era colonial. Impressionou-me o seu hall de quadrados (ou losangos) de mármore preto e branco. E os quartos espaçosos como salões.

Passamos uma semana cuidando das providências necessárias ao arresto do navio. Foram dias de excitamento e também de mansa satisfação, nas horas de descanso, em que conversávamos. Com memória excepcional, recitando poesias e contando casos, muitos do Aparício Torelli, o *Barão de Itararé*, Camillo falava-me muito do Maurício Cardoso, de quem era grande amigo e que falecera, há pouco, num trágico desastre de avião.

Estava na ocasião, no Rio Grande, o Zeno de Castro, gordo, alegre, simpático. Era de São Gabriel e, se não me engano, aguardava processo, numa desgraça que o atingiu também como protagonista. Fazia-nos muita companhia, mas não ousávamos confiar-lhe o motivo da nossa ida. Pescando, inutilmente, ele dizia: "Não sei o que vocês vie-

[5] Camillo Martins Costa (1896-1983), professor da Faculdade de Direito do Rio Grande do Sul.

ram fazer aqui; mas, quando me perguntam, digo que deve ser alguma coisa de muito importante, para vocês dois se abalarem até aqui".

Até o último momento guardamos segredo da nossa missão. A qualquer aviso o navio poderia ter partido ou posto carga a bordo. Lembro-me da nossa alegria quando, chegando ao Rio Grande, o avistamos atracado ao cais, mas flutuando bem fora d'água.

Começamos a redigir nossa petição, quase toda de composição do Camillo, que, além do mais, revelou-se excelente datilógrafo. Dispúnhamos de um livro com leis e tratados comerciais brasileiros e de uma tradução espanhola do Nassbaum, sobre direito hipotecário alemão, que eu havia adquirido no Rio para o caso, na Livraria Espanhola da rua 13 de Maio, e mais dois ou três volumes.

Entendemos que devíamos citar os próprios donos do casco e não o comandante. Embora admitindo que eles pudessem ser citados na pessoa deste, preferimos ir pelo mais seguro, pedindo a expedição de rogatória citatória para Hamburgo.

Isso nos impedia de começar a ação com a penhora do navio. Tínhamos que fazer um arresto provisório, depois conversível em penhora, com a propositura da ação executiva.

Convidamos para trabalhar conosco na causa um jovem advogado do Rio Grande, Jorge da Cunha Amaral, e saímos para despachar nossa petição.

O juiz da Comarca, Dr. Moreno Loureiro da Silva, estava ausente. Substituia-o um rapaz moço, Oswaldo Miller Barlem. Procuramo-lo em casa, pela necessidade do sigilo da diligência. Não estava. Disseram-nos onde poderíamos encontrá-lo e para lá nos dirigimos à sua procura.

Senti aí a diferença entre uma grande cidade, como o Rio, e uma pequena como o Rio Grande. No Rio, um homem quando sai de casa está perdido como agulha em palheiro. No Rio Grande não há como escapar. Ou está no banheiro, ou no café, ou no clube. Todos o vêem passar e sabem informar para onde foi. Não há escapatória possível.

Cientificado da nossa presença, Dr. Barlem voltou à casa. Lá leu a petição e examinou os documentos. Não opôs qualquer dificuldade. Deferiu-a imediatamente. Tive dele a melhor impressão. Pareceu-me um rapaz sério, decidido, capaz e corajoso. E creio que nisso não vai parcela de influência do seu despacho nos ter sido favorável.

De lá saímos à procura do escrivão, para extrair o mandado, do oficial de justiça, para realizar a diligência, e do depositário judicial, a quem competia a guarda do navio. Esse depositário era um homem correto, enérgico, e muito cumpridor dos seus deveres. Chamava-se Juvenal C. de Miranda.

Socorro-me da minha carta-relatório, já agora dirigida diretamente à Casa Schroder de Londres, na qual digo:

Esta é a primeira oportunidade que tenho para lhe escrever desde que recebi a sua carta do dia 27 com os documentos para agir contra o Montevideo. *Infelizmente o* Porto Alegre *deixou São Francisco no dia 14 de Setembro e chegou a Hamburgo no dia 4 de Novembro. Não temos nenhuma notícia do* Belgrano.

Recebi a sua carta na 5ª, dia 9. No dia seguinte, depois de saber que o navio estava no Rio Grande e sem carga, mandei os documentos para o tradutor público e tomei passagem no primeiro avião, que saía do Rio na próxima 3ª. Ao mesmo tempo enviei-lhe um telegrama dizendo que tínhamos excelente oportunidade de penhorar e vender o Montevideo *no Rio Grande.*

Depois de várias horas de espera, o avião acabou não saindo para Porto Alegre, devido ao mau tempo, e a viagem ficou para o dia seguinte, 15 de Novembro. Como esta data é feriado nacional, não consegui encontrar-me com o advogado que procurava em Porto Alegre. Só me avistei com ele no dia seguinte. Depois de uma longa discussão sobre as possibilidades de êxito do nosso empreen-

dimento, decidimos tomar o navio, no dia seguinte, para o Rio Grande, que fica só a uma noite de viagem de Porto Alegre.

Chegamos no sábado pela manhã e, como o navio estava atracado ao cais e completamente sem carga, resolvemos só apresentar a nossa petição ao Juiz Municipal na 2a. feira seguinte, que seria o dia 20.

A nossa petição foi bastante longa (cerca de três páginas) e, como as disposições legais sobre a competência eram inteiramente a nosso favor, o Juiz não teve dúvida em conceder o sequestro do navio. O mandado foi tirado imediatamente e foram enviados ofícios ao Capitão do Porto e à Alfândega informando que o navio estava detido e não podia sair do porto.

Junto com o Oficial de Justiça, levando o mandado, e outros funcionários, seguimos para o porto e subimos a bordo, onde o Comandante foi intimado. Deixamos a bordo quatro guardas da Alfândega.

E por aí segue a minha carta, entrando em minuciosa exposição de problemas de competência, possíveis defesas do réu, quem e como citar, etc...

Conto, entre outras coisas, que pouco depois do arresto fui procurado no hotel pelo agente da Hamburguesa, que me pediu licença para retirar do *Montevideo* 400 toneladas de óleo e transferi-las para o *Rio Grande*, que eles estavam aprestando para sair. Hesitei um momento, pensando que o melhor modo de deter no porto um navio a motor, como o *Montevideo*, era retirar de bordo todo o seu combustível. Depois refleti que, dadas as então amistosas relações entre o Brasil e a Alemanha, o comandante não tentaria fugir, levando a bordo quatro guardas da Alfândega. Resolvi não auxiliar a Alemanha a aprestar navios para romper o bloqueio inglês e respondi que não podia concordar. As lágrimas lhe vieram aos olhos e eu senti, com respeito, o enorme esforço que os alemães, por toda a parte, estavam fazendo para levar seu país à vitória, e minorar seus sofrimentos.

Tempos depois, quando as condições mudaram, e eu passei a temer seriamente a fuga do navio, arrependi-me de não ter consentido na descarga.

Para não parecerem vexatórias as nossas providências, permitimos que o comandante e a tripulação permanecessem a bordo. Enquanto tiverem esperança de levantar o seqüestro, dizia eu, não sabotarão o navio. Mas o depositário, cauteloso, obteve uma guarda naval de doze homens, e os colocou a bordo. A alimentação desses doze homens e mais a dos quatro guardas da Alfândega corria por nossa conta. Montava, em conjunto, a 140 mil réis por dia.

O comandante da base, a quem visitei, era o meu velho amigo e companheiro do Tênis Club de Petrópolis, Luiz Leal Netto dos Reys, quando namorado de Maria Elisa Silva Costa, a moça de maior sucesso da época, a que marcava "a 5ª dança", no tempo do *carnet* para registro de convites.

Feito o seqüestro, telegrafei ao Olavo comunicando, e recebi como resposta um telegrama agradecendo os meus serviços. Também outro do escritório me felicitando e um de minha mulher dizendo:

Noite e Globo *noticiam grande destaque arresto navio declarando honorários advogados contratados dois mil contos reflita se convém daí desmentir.*

Não desmenti nada, apesar de fantasiosa a notícia. Mas me desanimou que a imprensa, numa causa dessa importância, em que se defrontavam a Inglaterra e a Alemanha e se mediam forças numa luta civil de transportes marítimos, se preocupasse mais com o que estavam ganhando os advogados. É a eterna sina de nos interessarmos mais por detalhes da vida particular de cada um, do que por acontecimento de interesse geral. Não há uma alegria pública, já dizia Machado de Assis, que valha uma pequena alegria particular. E aos curiosos, que também queiram conhecer o vulto dos honorários, atenderei mais adiante.

Concluído o seqüestro, passamos a tratar da inicial de execução, que despachamos daí a dias. Cogitava ela da citação da ré, por carta rogatória, já que ela tinha endereço certo em Hamburgo e cuidamos de tratar da expedição desta por vias regulares, isto é, do Governador do Estado ao Ministro da Justiça, deste ao do Exterior, deste à nossa Embaixada em Berlim e daí às autoridades alemãs. Embora estivéssemos certos que essas autoridades se negariam a dar curso à rogatória, parecia-nos indispensável seguir essa rota, antes de recorrer à citação edital, que depois foi feita.

No dia 27, cumprida a nossa missão, regressei ao Rio, não sem antes visitar no *Casino* meu amigo e contra-parente Paulo Reingantz. Vim pelo *Itaquicê* até Santos, onde desembarquei. Em São Paulo tomei um avião, novamente do Sindicato Condor, para o Rio, onde cheguei no dia 30 de novembro com o coração alegre e feliz, de ter bem concluído a primeira etapa da nossa luta, que ainda iria se prolongar por muito tempo.

De volta ao Rio não faltariam ocasiões de continuar a luta, mas nem de todas as oportunidades quis eu me aproveitar.

No dia 5 de dezembro de 1939, chegava um telegrama do Schroder dizendo-me que o *Bahia Blanca*, também pertencente à *Hamburg Sud Amerikanische Linie Dampfschiffharts Gesselschafft*, achava-se no Rio e perguntando se eu poderia agir contra ele. Sem saber a base para ação, perguntei se seria pelo saldo devedor, na hipótese de não bastar o *Montevideo* para garantia da dívida. Responderam que sim, mas achei imprudente agir aqui, separadamente, antes de concluída a execução contra o *Montevideo*. O *Bahia Blanca*, porém, zarpou no dia seguinte (7 de dezembro) de modo que teria mesmo sido difícil fazer alguma coisa.

O Primeiro Arresto do Windhuk

Mal cheguei ao Rio, tive a visita do Gerente Geral da Shell, então conhecida no Brasil como a *Anglo-Mexican Petroleum Company Ltd.* Era ele o Sr. J. Amyes Wright, que eu não conhecia, nem de nome, e que veio ver-me sem apresentação de espécie alguma. Ainda me lembro de sua expressão excitada e misteriosa quando entrou no meu escritório, segredando-me que tinha um caso de arresto de navio em vista; que sabia que eu tinha arrestado um no sul e que acreditava em procurar as pessoas que já tinham feito antes a mesma coisa.

Naquele tempo o advogado habitual da Shell era Arthur Sá Erp, pois já haviam deixado, há tempo, o escritório do Targino Ribeiro, como depois deixaram o meu. Do Targino queixaram-se de que não conseguiam mais resposta às cartas no prazo que desejavam, o que repito apenas para o benefício dos jovens advogados que queiram construir grandes bancas, como foi a do Targino.

Apresentou-me ele um memorando em que perguntava o que era necessário para arrestar o navio *Wakama*, que se achava no porto do Rio. O navio pertencia a *Woermann Linie*, que devia consideráveis somas à *Asiatic Petroleum Co.*, do grupo Shell, por fornecimentos de óleo combustível feitos a navios daquela empresa. O *Wakama*, entretanto, não era um dos navios abastecidos.

Expus-lhe a dificuldade do caso e fiquei de estudá-lo, da mesma forma.

Mas, dois dias depois, recebi carta dizendo que desistisse, por não preencher o crédito as condições que eu indicara. Assim ficou livre o *Wakama* e fez-se ao mar, carregado de víveres para a Alemanha, só para ser interceptado e afundado por um cruzador inglês, na segunda feira, 12 de fevereiro de 1940.

Entretanto outro caso mais sério e de maiores possibilidades de êxito iria surgir nos próximos dias.

No dia 7 de dezembro aportara em Santos, vindo de Lobito, na África Portuguesa, disfarçado de navio japonês, o *S. S. Windhuk*, um navio de consideráveis proporções que deslocava 16.000 toneladas. A vinda desse vapor de Lobito para cá, inteiramente fora de sua rota habitual ou de qualquer outra que visasse Hamburgo, coincidiu com o aparecimento do *Graf-Spee*, em Punta del Leste. O navio estava, evidentemente, servindo de auxiliar àquele cruzador alemão, tão inesperadamente derrotado por três ingleses muito menores, cujos canhões não tinham mais do que a metade do alcance dos do *Graf-Spee*.

Mais tarde verificamos que o *Windhuk* tinha sido construído, especialmente, para cruzador auxiliar. Tinha convés encouraçado e podia montar canhões de seis polegadas. Era um navio misto de passageiros e carga. Os seus elevadores de passageiros achavam-se colocados em lugares propícios e já traziam em alemão as etiquetas *Ammunition Hoist* nº 1, nº 2.

E o que é estranho é que esse navio, como tantos outros, foi construído com dinheiro da Inglaterra ou dos seus aliados. A Inglaterra financiou grande parte da marinha mercante alemã no período entre as duas guerras (de 18 a 39) e, entre elas, financiou, sem saber, navios que se destinavam a combatê-la e a causar grandes estragos na sua marinha mercante. O *Windhuk*, por exemplo, construído para poder servir de corsário, com as características de convés e armamentos já mencionados, dispunha ainda de turbinas especiais *Brown-Boveri*, capazes de dar-lhe excepcional velocidade.

No dia 14 de dezembro recebi um memorando do Sr. Wright, dizendo que o *Windhuk* devia à *Asiatic* o óleo combustível fornecido em Las Palmas. Queria saber qual a documentação necessária para o arresto.

No dia seguinte, 15, entreguei-lhe a relação com as indicações necessárias. Para que pudéssemos agir com a maior pressa possível, a *Asiatic* entregou os documentos ao Consulado Brasileiro em Londres que, seguindo uma prática corrente, mediante solicitação da parte e embolso da despesa, telegrafou o texto ao Ministério das Relações Exteriores no Rio. A 29 de dezembro obtínhamos a certidão necessária para instruir o pedido. A 30 já estava traduzida por tradutor público e, no mesmo dia, que era um sábado, segui à noite de trem para São Paulo.

Lá procurei meu velho amigo Gastão Vidigal[6]. A nossa amizade vinha de meu cunhado Virgílio[7]. Freqüentemente almoçávamos juntos no restaurante no alto do Palace Hotel. Era, também, nosso companheiro nessas reuniões José de Magalhães Pinto[8]. Naquele tempo eu ainda não havia perdido o costume de me achar mocíssimo e me lembro de uma gafe que fiz dizendo: "Eu me sento aqui por ser o mais moço", o que deu lugar a pronto e justificado protesto do Magalhães.

Pedi ao Gastão a indicação de um advogado em Santos para auxiliar-me. Sugeriu-me imediatamente o nome de Jayro

---

[6] Gastão Vidigal (1889-1950), fundador-presidente do Banco Mercantil de São Paulo. Ministro da Fazenda do Governo Dutra.

[7] Virgílio Alvim de Mello Franco (1897-1948), político mineiro, jornalista e escritor, um dos fundadores da União Democrática Nacional (UDN).

[8] José de Magalhães Pinto (1909-1996), futuro governador de Minas Gerais, fundador do Banco Nacional.

Franco. Segui então para Santos e lá encontrei o Jayro à Avenida Washington Luiz, 508 (lembro-me até hoje do endereço) com quem fiz sólida amizade.

Quando o juiz em Santos nos deu o arresto do *Windhuk*, houve agravo para o Tribunal de Justiça de São Paulo.

Fui até lá, quando o agravo entrou em pauta, para assistir ao julgamento. O relator, desembargador Manoel Carneiro, proferiu um longo voto, rebatendo, uma a uma, todas as objeções levantadas ao arresto, e, durante isso, minha alegria ia aumentando; mas quando chegou à última, achou-a procedente e decidiu contra nós.

Isso mostra como é difícil ganhar uma causa. Para ter êxito é preciso ter razão em todos os pontos. Para perder, basta não ter razão num deles, o que mostra quanto mais penoso e maior tem de ser o trabalho do advogado do autor do que o do réu. O primeiro tem de cercar todas as possibilidades, inclusive muitas que não surgem. Para o segundo, basta encontrar uma brecha qualquer.

O voto seguinte era o do desembargador Mario Guimarães, depois Ministro do Supremo e sogro (não então) do meu amigo e companheiro de trabalho em São Paulo, Egberto Lacerda Teixeira.

Com o cuidado com que os juízes de São Paulo decidem, o Mario Guimarães pediu vista dos autos e o julgamento ficou adiado para a semana seguinte. Voltei a São Paulo um dia ou dois antes do julgamento, cheio de vontade de falar com o Mario Guimarães, de expor-lhe como não havia razão para a dúvida que levara o desembargador Manoel Carneiro a decidir contra nós. Não havia defesa oral em agravos e, mesmo que houvesse, a oportunidade para isso havia passado.

Diziam-me que os juízes em São Paulo se recusavam a receber as partes. Mas a minha ânsia de evitar que aquele navio possante fosse de novo ao mar para fazer os estragos na frota aliada que faziam os corsários (o valor da causa era pequeno; o que me interessava mais era o lado da luta armada), foi tal que, sem conhecê-lo, e sem envolver o Jayro, que não achava apropriada a *démarche*, resolvi procurar, em sua casa, à Avenida Brasil, o ministro Mario Guimarães.

Cheguei à tarde, pouco antes da hora de jantar, e toquei a campainha. Anunciei-me e poucos minutos depois o Ministro descia a escada para me receber. Quando percebeu o motivo da visita, deixou-me à distância, sentado numa cadeira perto da porta de entrada, tomando ele outra, perto da escada. Deixou, pelo menos, quatro metros entre nós e tive a impressão de ser recebido como portador de moléstia contagiosa. Mas, em todo caso, ouviu tudo que eu tinha a dizer, não retrucou uma só palavra, e eu me despedi.

No dia seguinte trouxe voto a meu favor, certamente com convicção já formada antes da minha visita. Mas eu descarregara a consciência de ter feito tudo quanto era possível para evitar a fuga do vapor.

Estabelecido o empate, o terceiro, desembargador Antão de Moraes, pediu, também, vista, e a decisão ficou novamente adiada para a semana seguinte.

Voltei a São Paulo, como da outra vez, um dia ou dois antes do julgamento. Mas a frieza com que fui recebido pelo ministro Mario Guimarães tirou-me a coragem de procurar outra aproximação da mesma forma.

Em todo caso, passei no Banco para fazer uma visita ao Gastão. Dei-lhe conta do andamento que estava tendo a questão e ele me perguntou se eu gostaria de me avistar com o Antão. Disse-lhe que sim, muito, mas me diziam que isso não se fazia em São Paulo. "Bobagem" disse ele e imediatamente telefonou ao Antão.

Pude, assim, assistir à conversa. O Antão, a princípio, recusando-se e o Gastão subindo em argumentos e calor. Não via motivo para o Antão excusar-se de receber um rapaz perfeitamente decente, que queria falar-lhe sobre uma causa que ele tinha de julgar. E de tal modo foi crescendo a ênfase e a energia com que o Gastão falava que, afinal, o Antão concordou e disse que eu passasse pela sua casa às 6 horas da tarde.

Assim fiz e ele me recebeu na grande biblioteca do porão. O ambiente ali foi completamente diferente do que havia sido o de minha visita ao ministro Mario Guimarães.

Expus-lhe as minhas razões e ele me mencionou as dúvidas que tinha a respeito do que eu dizia. Em poucos momentos estávamos pondo abaixo livros das estantes, eu lhe mostrando um autor e ele me mostrando outro.

Afinal retirei-me sem conhecer o seu voto, talvez ainda em gestação, mas certo de que o assunto tinha ficado bem esclarecido. No dia seguinte trouxe-me a vitória com o seu voto, a nosso favor, mantendo o arresto do *Windhuk*.

Foi um dos momentos de mais viva satisfação da minha vida.

O advogado que orientava a causa contra nós era o meu velho amigo, professor e paraninfo da minha turma, Edgardo de Castro Rebello[9]. Professor queridíssimo de inúmeras turmas. A minha, de 1923, não era a primeira que paraninfava e muitas outras paraninfou até o fim de sua longa e boa vida, há pouco encerrada. Creio que nenhum outro professor soube tanto merecer de seus alunos.

Lembro-me ainda de uma admoestação-elogio que ele me fez por ocasião de um exame: "Como é que o senhor, filho de Joaquim Nabuco, vem fazer um exame dessa ordem?" Ao que respondi: "Infe-

---

[9] Edgardo de Castro Rebello, advogado, professor de direito comercial. Preso com o romancista Graciliano Ramos, foi personagem das *Memórias do Cárcere*.

lizmente as qualidades intelectuais não são hereditárias". E sua resposta: "Acho que o senhor mostrou que elas o são, mas que veio muito mal preparado". Em todo o caso, deu-me nota suficiente para passar.

Naqueles tempos ninguém era reprovado na Escola de Direito. Eu costumava dizer que era preciso pistolão, para ir ao pau. Mas havia uma exceção: Sá Vianna, com o estranho resultado de que a cadeira em que melhor se saía sabendo era aquela menos útil à profissão de advogado: Direito Internacional Público, do mesmo modo que hoje, segundo me dizem, a que melhor se sai sabendo é Direito Internacional Privado, graças aos esforços do meu velho amigo Haroldo Valladão, também de uso excepcional no exercício da profissão.

Mas são dois casos raros que salvam a Escola, como a virtude de Noé ia salvando a sua cidade natal, protegendo-a de outros, como o meu professor de Direito Industrial, que só dava duas ou três aulas por ano e que, na hora do exame escrito, abria um jornal, dizendo "suponho que os senhores já estejam prevenidos", dando depois distinção a todos os seus alunos.

O Reverso da Medalha

Pouco depois dessa boa sorte em São Paulo, chegam-me más notícias.

O juiz do Rio Grande julgara-se incompetente para processar o feito. Da decisão cabia agravo com efeito suspensivo, que Camillo imediatamente interpôs. Telegrafei, imediatamente, a notícia a Londres e eles, desorientados, em vez de me responderem diretamente, passaram ao Olavito, seu representante no Rio de Janeiro, um telegrama, que chegou no dia 27 de abril de 1940, exatamente no dia em que eu completava 38 anos de idade e que dizia:

Regarding embargo on steamer Montevideo *arranged by Nabuco we have received most disappointing cable that judge has refused jurisdiction. We have incurred very considerable charges on behalf of clients based on Nabuco's assurances regarding our legal position and are most perturbed about position as clients will blame us for misleading advice. Please consult Nabuco and discuss situation and cable us your opinion about appeal also what we could do to rectify position. We are especially concerned as New York cabled us recently that owners of steamer were convinced we should lose base which almost indicates that they* *had taken steps to assure our defeat. This case is most important for our prestige and we hope your intervention will provide method for enforcing our rights. Greetings Schroder.**

Demorei a responder. O agravo já tinha sido interposto e prosseguiria de qualquer modo. Só em fins de maio, por intermédio do Olavo e com a colaboração dele, passei os seguintes telegramas para lá:

After talk with Nabuco situation seems to be following one so far only jurisdiction has been discussed and based on precedents in São Paulo and jurists opinions Nabuco feels fifty percent chance of success on jurisdiction and seventy percent on merits. Having in consideration possible appeals cannot expect the sale ship before March 1941 to appeal on jurisdiction should be decided within next forty days. Total cost so far one hundred and ninety contos further forty being involved in continuing until decision on jurisdiction three if successful jurisdiction and on merits ship will be put up for auction. If bids do not reach appraisal value second auction without such minimum follows. You may take over on equal terms with highest bidder or following unsuccessful first auction at appraisal value.

Unless expressly withdrawn case will proceed to appellate decision on jurisdiction by itself. Further expense may be avoided by stopping all effort and removing guard from board and discontinuing depositary's allowance. If

---

* Com relação ao embargo ao vapor *Montevideo* efetuado por Nabuco recebemos telegrama muito desapontador que juiz declinou competência. Incorremos em custos elevados em nome de nossos clientes baseados na confiança de Nabuco com relação ao nosso direito e nos encontramos muito aflitos sobre posição pois clientes irão nos responsabilizar por conselho equivocado. Por favor consulte Nabuco e discuta situação e telegrafe-nos sua opinião sobre o recurso também sobre o que poderíamos fazer para corrigir posição. Estamos especialmente preocupados pois Nova Iorque nos telegrafou recentemente que proprietários do vapor estão convencidos que perderemos a base o que quase indica tenham tomado providências para assegurar nossa derrota. Esse caso é muito importante para o nosso prestígio e esperamos que sua intervenção trará meios de impor nossos direitos. Saudações Schroder.

*court of appeals instructs lower court to try case on merits you may then be faced by necessity posting substantial bond for costs.**

Essas comunicações ficaram sem resposta a mim, mas com o Olavo devem ter insistido nas instruções para desistir da ação porque encontro na minha pasta um telegrama neste sentido dele ao Schroder de 21 de junho de 1940.

Em junho de 1940 Camillo me escrevia dizendo que o relator do agravo era o desembargador Heráclito Roxo de Araujo Corrêa e que os outros dois julgadores seriam os desembargadores Samuel Silva, Presidente, e Silveira Carvalho.

No mesmo mês, Schroder telegrafou ao Olavo perguntando quanto já tinham gasto e quanto iriam gastar.

Demorando a resposta, pela nossa dificuldade de estimar as suas responsabilidades no Sul pelas despesas do depositário (de que falaremos adiante), telegrafaram em seguida dizendo que em face a nenhuma resposta estavam calculando tudo em 230 contos e consultando os outros interessados a respeito da ação. No dia 20 Monteiro e Aranha me escreveram transcrevendo o seguinte telegrama:

---

* Após consulta a Nabuco a situação parece ser a seguinte: até agora apenas a competência foi discutida e, com base em precedentes em São Paulo e opinião de juristas, Nabuco estima cinqüenta por cento de chances de sucesso sobre competência e setenta por cento no mérito. Tendo em vista possíveis recursos não podemos esperar venda do navio antes de março de 1941 para recorrer da competência decisão tem de ser feita em quarenta dias. Custo total até agora cento e noventa contos mais quarenta relativos a continuar até decisão sobre competência caso haja sucesso sobre competência e mérito navio será submetido a leilão. Se lances não atingirem valor da avaliação segue-se segundo leilão sem valor mínimo. Vocês podem tomar posse em termos iguais aos do maior lance ou após primeiro leilão frustrado pelo preço da avaliação.
A não ser que expressamente retirada ação prosseguirá independentemente para apelação de decisão quanto à competência. Custo adicional pode ser evitado cessando todos os esforços e removendo a guarda de bordo e descontinuando estipêndio do depositário. Se o tribunal instruir juiz de primeira instância a julgar mérito do caso então vocês poderão ver-se obrigados a enviar garantia substancial para custos.

Please instruct Nabuco on our behalf to abandon all proceedings in connection with Montevideo*'s cheapest possible basis. Cable confirmation and do your utmost reduced expenses to minimum.**

Não podia haver, para meu entusiasmo, maior golpe, mas por carta da mesma data dei ordem ao Camillo para retirar a guarda de bordo e informar ao depositário e ao Amaral que não podíamos mais nos responsabilizar pelas mensalidades combinadas e concluo a carta:

Se este desfecho é um índice do espírito de capitulação que anda pela Europa o mundo está realmente mal parado.

E para Londres transmito, no dia seguinte, pela via habitual:

Nabuco has ordered withdrawal of guard from the Montevideo *and immediate suspension of all expenses. Court of Appeals will pass on jurisdiction beginning July irrespective of further action or expense.***

Em carta de 16 de julho escrevo ao Monteiro e Aranha, em inglês, para que transmitam ao Schroder:

Unfortunately we were faced with a case where there was much room for economy as the great majority of the expenses had already been incurred and paid.

The substantial aspect of economy which we can offer is with regard to our own fees. I maintained the same figure of 100 contos which we mentioned at our interview of May 24 though more work was done during the month.

Even at the present exchange rate it represents a reduction of approximately ⅓ of the minimum fee of £ 2,000 pounds mentioned in our letter of January 27 to the client with considerable sacrifice to our associates and ourselves considering the vast amount of work and indefatigable efforts which was expended.

---

* Por favor instrua Nabuco em nosso nome a abandonar todos os procedimentos relativos ao *Montevideo* nos termos menos onerosos possíveis. Telegrafe confirmação e faça o máximo para reduzir gasto ao mínimo.

** Nabuco ordenou retirada da guarda do *Montevideo* e suspensão imediata de todos os gastos. Tribunal decidirá sobre competência no início de julho independente de nova ação ou custo.

*... as our services have come to an end we believe we are now entitled to receive payment of our fees and would appreciate receiving the amount at your convenience.**

Felizmente para mim o governo inglês passaria a se ocupar de todos os casos de arresto de navios alemães no estrangeiro, aliviando as firmas particulares dessa incumbência, que poderia lhes estar causando despesas infrutíferas.

No dia 23 de setembro, em carta noturna, Schroder mandava dizer ao Olavo:

Please inform Nabuco that our case steamer Montevideo *has been taken over by Enemy Shipping Claims Committee chairman J. W. Boyle from whom he will be receiving instructions. Schroder.***

Essa Comissão, que tomou o nome de *Enemy Shipping Claims Committee* — e que teve como Presidente ou Chairman um advogado que trabalhava para a Shell, J.W. Boyle —, escolheu o gerente-geral da Shell no Rio, comandante John Cameran Reed, reformado, para seu representante e lhe passou, no dia 25 de setembro, o seguinte telegrama:

Enemy Shipping Claims Committee constituted and authorised by Statutory Rules and orders numbers 1567 and 1568, 29th August, 1940 has sole authority to deal with claims against enemy shipping lines, ships etc., except for

---

* Infelizmente estamos diante de um caso onde havia grande espaço para economia uma vez que a grande maioria dos custos já havia sido auferida e paga. O aspecto substancial de economia que podemos oferecer é em relação aos nossos próprios honorários. Eu mantive o mesmo valor de 100 contos que foi mencionado em nossa entrevista de 24 de maio apesar de trabalho adicional ter sido feito naquele mês. Mesmo no câmbio presente isto representa uma redução de aproximadamente ⅓ do valor mínimo de honorários de 2,000 libras mencionado em nossa carta de 27 de janeiro ao cliente o que acarretou sacrifício considerável aos nossos associados e a nós considerando a imensa quantidade de trabalho e os esforços incansáveis que efetuamos.
... como nossos serviços chegaram ao fim entendemos estar agora habilitados a receber pagamento de nossos honorários e ficaríamos gratos em receber o valor de acordo com sua conveniência.

** Por favor informe a Nabuco que o nosso caso vapor *Montevideo* foi assumido pelo presidente do Comitê de Reivindicação de Navios Inimigos J. W. Boyle de quem ele estará recebendo instruções. Schroder.

claims for release of cargo aboard German ships in neutral ports. Schroder's have entrusted their claim against Hamburg Sudamerikanische to Committee. Please instruct Nabuco take immediate action Lower Court against Montevideo *in Schroder's name. As and from this date we will be responsible for legal expenses and prior to this date all expenses incurred are for Schroder's account. Grateful if you would arrange with Nabuco either for direct contact with Committee address Norman House, Strand, or through you, whichever course you prefer. J.W. Boyle, Chairman Enemy Shipping Claims Committee.**

Com isso estavam findas as minhas dificuldades imediatas. Tanto com o Reed como com o Boyle eu iria ter uma colaboração estreita, intensa, de apoio total em tudo que fizesse.

Os meus encontros com o Reed, que estava no Rio, eram quase diários. Os contactos com o Boyle, que tinha que se ocupar com o mundo todo, mais raros.

Lembro-me de uma vez quando eu estava com minha mulher em Miami esperando durante 8 dias por uma passagem de avião para o Rio, porque a minha prioridade não era das mais altas. Ele veio de Nova Iorque até lá para ver-me, passando o dia no pequeno hotel onde estávamos instalados na praia, o *Tatem*, o que me custou perder um passeio a Palm Beach, praia de que eu ouvia falar desde a infância, mas que nunca cheguei a conhecer.

---

* Comitê de Reivindicação de Navios Inimigos constituído e autorizado pelas Regras Estatutárias e ordens número 1567 e 1568 de 29 de agosto de 1940 tem autoridade exclusiva para lidar com reivindicações contra linhas de navios inimigas, navios, etc., exceto para reivindicações de liberação de carga a bordo de navios alemães em portos neutros. Schroder incumbiu o Comitê de sua reivindicação contra Hamburgo Sudamerikanische. Por favor instrua Nabuco a iniciar ação em primeira instância contra *Montevideo* em nome de Schroder imediatamente. A partir de hoje seremos responsáveis pelas despesas legais e as despesas efetuadas antes serão debitadas a Schroder. Gratos se você combinar com Nabuco para que faça contato direto com o endereço do Comitê em Norman House, Strand ou por seu intermédio, da maneira que você preferir. J. W. Boyle, Presidente do Comitê de Reivindicação de Navios Inimigos.

Nessa ocasião a hospedagem nos hotéis não estava muito mais fácil do que o transporte nos aviões e eu só cheguei a ir para esse na praia por intercessão do Almirante Kauffman, que era o comandante da base e que eu conhecera no Rio quando fizera parte da Missão Naval Americana.

Foi com satisfação que vi que os muitos amigos que eu tivera nessa Missão chegaram todos a altos postos na marinha americana, o que mostra o cuidado com que eram escolhidos os homens que a nossa grande aliada do norte nos mandava.

Todos os hotéis da praia estavam requisitados pela Marinha e só por estes meios é que se conseguia alojamento.

Quem me pôs em contato com o Kauffman foi o comandante Levi Reis, filho de Aarão Reis, construtor de Belo Horizonte e casado com moça pernambucana, neta do velho José Mariano e sobrinha de Olegário[10], com quem tanto eu quanto minha mulher tínhamos velhas relações de família. Ela, infelizmente ausente, tinha ficado no Brasil.

Contribuiu muito para o prazer dessa nossa estada em Miami, que hoje retrospectivamente considero das semanas mais agradáveis da minha vida, o encontro com esses e outros amigos, brasileiros e americanos.

Estava lá um jovem advogado americano, Duer McLanahan, com quem trabalhara aqui nas Empresas Elétricas Brasileiras e que, então, servia na marinha como ajudante de ordens do Almirante Kauffman.

Ele e sua mulher Mary, uma moça linda, de tipo delicado, raro na raça nórdica de que provinha, bem como o Luiz Souza Bandeira, que servia no consulado brasileiro e sua mulher, nos fizeram grande companhia.

---

[10] O poeta Olegário Mariano Carneiro da Cunha (1889-1958).

O Bandeira, que acabava de comprar um automóvel, mas não tinha carteira e parecia ter medo de dirigir, emprestou-nos esse carro, que nos serviu durante todo o tempo que lá estivemos. Minha mulher, como eu, dirigindo, apesar de não termos carteira americana, coisa que nenhum contratempo nos causou.

Lembro-me uma vez de parar num cruzamento para ver se vinha tráfego, e do guarda se aproximar e me dizer: *Eu aposto que o senhor não viu aquela luz vermelha*, e respondi: *É verdade, mas vigiava o tráfego, que era o principal*. Pela carteira não me perguntou.

Mas, voltando à minha narrativa profissional, felizmente o trabalho do Camillo tinha sido ótimo, e depois de dois meses tive a satisfação de receber dele um telegrama dizendo que o Tribunal de Justiça do Rio Grande do Sul havia reformado unanimemente a decisão, afirmando a competência do Estado. Essa decisão do Tribunal foi de 18 de setembro, ou pelo menos é dessa data o telegrama do Camillo me dando notícia, dizendo:

Vitória unânime efusivos abraços congratulações.

Ao que respondi:

Emocionado retribuo efusivo abraço que peço estender Amaral.

E, para Londres, tive o gosto de transmitir no mesmo dia:

*Rio Grande Court of Appeals today unanimously reversed lower court's decision re jurisdiction. If case allowed remain idle over 30 days of the publication today's decision defendants may obtain order lifting embargo with their costs. Should you desire proceed lower court will now try case on merits.**

* Tribunal de Alçada do Rio Grande hoje reverteu unanimemente a decisão de primeira instância relativa à competência. Se o caso ficar ocioso por mais de 30 dias da publicação da decisão de hoje os réus poderão obter ordem de suspender o embargo com seus custos. Em caso de desejarem prosseguir primeira instância agora julgará o mérito do caso.

Devo ter recebido instruções para prosseguir por intermédio do Reed, porque encontro no meu arquivo um telegrama meu de 27 de setembro ao Boyle dizendo:

*Instructions received. Please remit 20 contos for expenses would also appreciate now 2,000 pounds minimum fee mentioned in my letter January 27, 1940 to Schroder still unanswered.**

O dinheiro dessa vez não se fez esperar. Em 9 de outubro recebi do Reed a importância solicitada para despesas, que me serviu para pagar ao depositário, que apesar de minhas instruções não retirara a guarda do navio.

A polidez e a confiança também se diferenciavam das de Schroder. Por exemplo, no fim da carta do Boyle de 28 de outubro, ele diz:

*We are most grateful to be working with you in connection with actions against enemy ships in Brazilian Ports and view confidence the matters entrusted to the Committee which fall to be dealt with you.***

Realmente, havia motivo para essa confiança. Em todos os países do mundo onde o *Enemy Shipping Claims Committee* estava procurando fazer valer os créditos ingleses contra navios alemães, os esforços eram todos infrutíferos. Somente no Brasil se conseguiu com eficiência cobrar as quantias devidas.

O pagamento dos honorários devidos por Schroder veio logo depois e, satisfeito, em 15 de novembro, pude escrever ao Camillo:

Até que afinal recebi o primeiro pagamento de honorários do Schroder, cuja demora estava profundamente me intrigando. Aliás, recebi, tam-

---

* Instruções recebidas. Por favor enviem 20 contos para despesas e também apreciaríamos agora o valor mínimo de honorários de 2.000 libras mencionado em minha carta de 27 de janeiro a Schroder até agora não respondida.

** Somos muito gratos por estar trabalhando com você em relação às ações contra navios inimigos em portos brasileiros e encaramos com confiança os casos assumidos pelo Comitê que são por você conduzidos.

bém, o pagamento sem qualquer palavra explicativa da demora ou de agradecimento pelos nossos serviços...

Tão pouco tive até hoje resposta à minha carta de 27 de janeiro em que propunha as bases de nossos honorários finda a demanda. Não me lembro se já transmiti a você antes a proposta que fiz, que era de 5% do que viéssemos a receber ou 2 ½ % do valor do navio, na hipótese de insucesso final, como a de fogo no navio antes da solução final do caso, então um honorário mínimo de £ 2,000".

E quanto à parte do Camillo:

Agora que começou a chegar o dinheiro precisamos resolver como vamos dividi-lo e lhe peço que me dê a sua opinião com toda a franqueza, pois faço questão que você se sinta justa e devidamente remunerado. Adianto-lhe que, depois de ouvir meus companheiros de escritório, parece-me que seria razoável a sua participação de 30% tendo-se em vista o possível vulto dos honorários, mas quero me guiar mais pela sua cabeça do que pela minha.

A sugestão não deve ter agradado ao Camillo, que aceitou em parte, propondo que os honorários que acabavam de ser recebidos fossem partilhados pela metade, compondo-se em outras prestações futuras a diferença para a cifra que eu sugerira. Com ligeiro acerto quanto aos honorários do Amaral, não tive dúvida em concordar.

Outros Arrestos

O êxito da nossa ação no Rio Grande e em Santos instigou a Shell, que nos achou capazes de cobrar todas as outras contas que tinham contra navios alemães que porventura estivessem no Brasil.

Em 12 de fevereiro de 1940 recebo uma carta do Sr. Wright dizendo-me que o *Antonio Delfino*, da Hamburguesa, lhes devia a importância de £872.46 correspondente a 502 toneladas de óleo combustível que recebera em Lisboa no dia 7 de agosto de 1939.

Esse navio estaria na Bahia e logo que recebi a documentação escrevi ao meu primo Antonio Tacques Horta, advogado das Empresas de Serviço naquela cidade, onde exploravam a Companhia Linha Circular de Carris e outras, resto do imenso império econômico dos Guinle e dos Gaffrée no Brasil, perguntando se ele poderia se ocupar da cobrança.

Respondeu-me afirmativamente, instando pela remessa urgente dos documentos, ao que respondi no dia 18 de fevereiro dizendo:

Documentos seguirão via aérea amanhã. Peço providenciar imediatamente.

Infelizmente a 23 recebi dele um telegrama:

Documentos chegaram depois partida do navio abraços Antonio.

A 1º de março lhe escrevi:

"Meu caro Antonio.

"Foi realmente uma pena a questão do atraso da chegada dos documentos. Aqui no escritório houve um pequeno cochilo, mas porque é que estes ingleses deixaram passar tanto tempo para só pensar nisso no último momento?

Lamento muito entre outros motivos por termos perdido uma ocasião de colaborar juntos num assunto profissional. Vamos esperar, porém, que surja outra ocasião que nos permita essa colaboração.

Estou muito grato a você pela presteza com que respondeu ao meu apelo. Se você tiver tido quaisquer despesas ou tiver honorários a cobrar não deixe de me dizer".

A resposta veio logo:

Quanto a despesas e honorários é claro que não existem.

Em 5 de abril de 1940, Wright me escreve me mandando uma relação de mais cinco navios que estavam a dever por fornecimento de óleo combustível: o *Caparcona*, o *General San Martin*, o *General S. Artigas*, o *General Osório*, e o *Porto Alegre*.

A 5 de abril de 1940 escrevo ao Camillo no Rio Grande:

Os mesmos clientes do arresto em Santos estão desejosos de arrestar também no Rio Grande o vapor Rio Grande, *mas acontece que a dívida não resulta de fornecimentos feitos ao* Rio Grande *mas sim ao* Caparcona *e a outros navios da mesma frota.*

Embora percorrendo aqui uma revista de direito marítimo comparado eu tenha encontrado um ou outro acórdão que consideram navios de uma mesma frota abastecidos de combustível em virtude de um contrato geral para todos, solidariamente responsáveis, não consigo me convencer desse ponto de vista e acho que o credor tem ação unicamente contra o armador e não uma ação real contra um navio que não recebeu o combustível.

O nosso Código de Processo Civil (Art. 134, §1°) adota o mesmo ponto de vista do antigo Código de Processo do Rio Grande do Sul permitin-

do que estrangeiros não residentes no país sejam acionados perante a justiça brasileira. Assim parece que nada impede seja a Hamburguesa aqui acionada pelos referidos fornecimentos e que, dentre outros casos comuns de arresto, seja o navio detido. A hipótese da partida do navio se enquadraria talvez no Art. 675, II do Código de Processo.

A minha posição, porém, ia se tornando menos entusiástica. A 8 de junho escrevo ao Wright:

The decision of the Court of Appeals of São Paulo in connection with the Prudential[11] *case can no longer be expected within the near future. The captain who had filed the appeal which is about to be heard has withdrawn the appeal. Presumably the ship owners will file an appeal but it is uncertain when they will do so.*

J. Henry Schroder had a case pending at the Court of Appeals of Rio Grande do Sul which should be tried this month. After we have had an opportunity to see how it is decided we can then decide whether we should take action on other Asiatic claims or whether we should still wait for the Prudential case to come up on appeal in São Paulo.[*]

Achando difícil a execução de um navio por dívida de outro e não querendo me arriscar a insucessos em questões pequenas que por qualquer forma pudessem refletir sobre a marcha dos dois

---

[11] **N. dos E.** *The Prudential Assurance Company Limited*, com sede em Londres, autora da ação executiva ante as empresas armadoras alemãs *Woerman Limie Aktiengesellschaft* e *Deutsche Ost-Afrike Linie*."O caso do navio alemão *Windhuk* — razões da apelante, pelos advogados José T. Nabuco e Jayro Franco", Empresa Gráfica da "Revista dos Tribunais, S. Paulo, 1941.

[*] A decisão do Tribunal de Alçada de São Paulo em relação ao caso da Prudential não pode mais ser esperada em futuro breve. O capitão que havia protocolado uma apelação e que estaria prestes a ser ouvido a retirou. Presumivelmente os donos do navio protocolarão uma apelação porém é incerto quando o farão. J. Henry Schroder tinha um caso pendente no Tribunal de Alçada do Rio Grande do Sul que deveria ser julgado esse mês. Depois de termos a oportunidade de ver como será decidido poderemos então decidir se devemos acionar outras reivindicações da *Asiatic* ou se deveríamos ainda esperar para o caso da Prudential surgir como apelação em São Paulo.

grandes casos, estava eu pouco desejoso de prosseguir antes de tudo acertado naqueles dois.

A 13 de junho o Wright escreve-me contando que recebeu um telegrama da Inglaterra dizendo que tinham obtido lá sentença contra a *Woermann Linie* e a *Hamburg Sud Amerikanische Linie* por fornecimento de óleo combustível.

A 26 de agosto mandam-me notas de fornecimento de óleo combustível ao *Wangoni*, ao *Adolf Woermann* e ao *Wattuci*, pertencentes à *Woermann Linie*.

A 30 de agosto vieram novas relações de navios, denominados *Maceió, Viena, Laura Lauro, Antonio Limontelli* e *Conte Grande*, além do *Pamponi*, do *Teresa*, do *Rio Grande*, do *Montevideo* e do *Windhuk*, a que já nos referimos.

A 10 de setembro escrevo ao Reed um longo relatório dando um estudo do que era possível fazer.

A 30 de novembro de 1940 escrevo novamente ao Reed:

With regard to the departure of the Rio Grande I would like to mention that while we had already filed our request for confirmation by the Federal Supreme Court of the English judgement against the Hamburg Sud Amerikanische Linie Dampfschiffharts Gesselschafft we do not intend to apply at present for the arrest of Maceió.

We do not want the question of the arrest of foreign ships to come up immediately before the Federal Supreme Court on what we consider the weakest of our cases at present pending namely the confirmation of a judgement rendered by default in time of war when there would be considerable obstacles of a practical nature for the defendant properly to defend the case.

As the amount involved is not very large approximately 5,000 pounds we prefer to take a chance of the ship not leaving before the Federal Supreme Court can pass on our request for confirmation and even if the Maceió *should lea-*

*ve before that date it is possible that we may be able to locate other property of the Hamburg Sud Amerikanische in Brazil on which to enforce judgement.**

Em carta de 23 de novembro digo ao Boyle que a Hamburguesa no caso do *Montevideo* havia interposto um recurso extraordinário, que, embora não tenha efeito suspensivo, causa certa demora, e que receávamos pudesse ser prejudicial.

A 22 de novembro o Reed me escreve:

*One of the members of the British Economic Mission has asked me to express you the admiration and thanks of those concerned in Enemy Shipping Claims for the very capable and successful manner in which you have so far conducted the cases on their behalf.***

O importante nessa mensagem é a palavra *successful*. As pessoas julgam as outras mais pelos resultados de suas ações que dependem, em grande parte, da sorte, do que pelo modo com que se conduzem. E o que é considerado brilhante, quando há êxito, passa como medíocre quando se perde.

---

* Com relação à partida do Rio Grande gostaria de mencionar que apesar de já termos protocolado nossa reivindicação para confirmação pelo Supremo Tribunal Federal do julgamento inglês contra a *Hamburg Sud Amerikanische Linie Dampfschiffharts Gesselschafft* não pretendemos iniciar no momento processo para o arresto do *Maceió*.

Não desejamos que a questão do embargo de navios estrangeiros surja imediatamente perante o Supremo Tribunal Federal no que consideramos ser o nosso caso mais fraco no momento estando pendente nomeadamente a confirmação de um julgado passado por inadimplência em tempo de guerra quando haveria obstáculos consideráveis de natureza prática para o réu defender-se com propriedade.

Como o valor envolvido não é muito grande aproximadamente 5.000 libras preferimos assumir o risco de o navio não partir pois o Supremo Tribunal Federal pode dar continuidade a nosso pedido para confirmação e mesmo que o *Maceió* parta antes da data é possível que localizemos outros bens da *Hamburg Sud Amerikanische* no Brasil com os quais fazer cumprir o julgado.

** Um dos membros da Missão Econômica Britânica solicitou-me que expressasse a você a admiração e o agradecimento daqueles envolvidos no Comitê de Reivindicação de Navios Inimigos pela maneira muito capaz e vitoriosa com que você conduziu os seus interesses até o presente.

A INTERVENÇÃO DO GOVERNO

À MEDIDA QUE OS NOSSOS ÊXITOS JUDICIÁRIOS iam arrochando a situação dos alemães, estes recorriam a medidas mais desesperadas.

Em fins de 1940, quando eu estava programando uma viagem de recreio aos Estados Unidos (em visita a clientes) chegou-me aos ouvidos a notícia de que o governo estava preparando um decreto que impedisse a minha ação e liberasse os navios que eu havia arrestado.

Naquele tempo a notícia não era de deixar passar, como absurda. O nosso governo ditatorial tinha grandes afinidades com os regimes totalitários, que mereciam sua simpatia. Além disso, seus técnicos, como o general Góis Monteiro[12], asseguravam a vitória dos alemães. Lembro-me até de almoço no Itamaraty, onde o Góis disse ao Austregésilo de Athayde[13], que vinha defendendo os ingleses: "Quem é a favor da Inglaterra, é um traidor à pátria", ao que Athayde respondeu, desassombradamente: "Traidor não. Eu defendo o meu país como entendo, mas o senhor, que é pago para defendê-lo, não o faz".

---

[12] Pedro Aurélio de Góis Monteiro (1889-1956), então Ministro da Guerra.

[13] Austregésilo de Athayde (1898-1993), jornalista, escritor, membro da Academia Brasileira Letras, que presidiu por muitas décadas, através de sucessivas eleições.

Grande parte do velho exército, instruído por franceses, pensava como franceses de Pétain, achando inarredável o triunfo completo das forças nazistas.

Fui ver então o ministro Francisco Campos, que, em certa hora, chegou a liderar grupos integralistas no Brasil. Dei-lhe ciência do que ouvira e do meu receio. Ele me assegurou que não havia nada e que podia partir tranqüilo.

E assim tranqüilizado, parti nessa viagem.

No intervalo eu já havia construído e pago a minha casa e estava ansioso para rever o mundo fora do Brasil.

Parti por mar, como se viajava naquele tempo, mas, em Nova Iorque, em vez de divertimento, caí com uma pneumonia, que não foi diagnosticada pelo médico do hotel, acontecendo comigo o que em geral acontece com brasileiros que caem doentes no exterior; em vez de procurarem logo as causas mais simples, ficam suspeitando que a gente esteja sofrendo de alguma estranha moléstia tropical. Até que me levassem para um hospital passaram-se dez dias em que me debilitava. Lá, graças ao raio X, puderam ver a mancha nos brônquios, não sem antes passarem na minha mulher o susto de dizerem que pensavam tratar-se de uma tuberculose galopante.

Feito o diagnóstico administraram-me sulfadiasol, que acabava de aparecer, e, em quatro dias, deram cabo da febre. Mas não sei qual dos dois mais me derreou, se a moléstia, se o tratamento.

Curado, mas não refeito, tomei o navio de volta e chegando segui, direto, para Petrópolis, para completar o meu repouso e desintoxicação.

Lá, poucos dias depois da chegada, ainda me sentindo fraquíssimo, li nos jornais a notícia da publicação de um decreto-lei, proibindo as ações entre súditos de países beligerantes não residentes no país.

Os alemães, imediatamente, requereram o levantamento da penhora, baseados nesse decreto-lei e nós impetramos, na falta de recurso suspensivo, um mandado de segurança, contra aquela medida judicial.

A ação alemã, nessa altura, passou a ser capitaneada mais pelo Dr. Cyrillo Junior[14], do que pelo meu querido amigo Castro Rebello.

As *démarches* que levaram àquele decreto eu não conhecia, nem procurei conhecê-las. Acredito que tenham sido pressão do Góis Monteiro sobre Oswaldo Aranha, que ocupava a pasta do Exterior, e deste sobre Francisco Campos. Ouvi dizer, mas não sei se é verdade, que o Oswaldo levou ao Campos um rascunho do decreto, que este achou péssimo, e que lhe disse "se vocês querem fazer isso, devem fazê-lo desta forma", redigindo então o decreto-lei que tem o número 3191 e data de 10 de março de 1941.

O mandado de segurança, impetrado sem ânimo e sem forças, não surtiu efeito.

No Rio Grande do Sul, onde se achava aprisionado o *Montevideo*, tivemos melhor sorte, talvez por excesso de precaução do advogado ex-adverso, que resolveu juntar aos autos um telegrama que recebera do Ministro do Exterior, respondendo, creio, a uma consulta e dizendo que o novo decreto-lei se aplicava aos casos já pendentes em juízos.

Quando vimos esse telegrama nos autos resolvemos, o Camillo e eu, nos divertir, ao mesmo tempo em que servíamos à nossa causa, e ele, por sugestão minha, dirigiu um telegrama ao Oswaldo dizendo que, tendo ele informado ao nosso ex-adverso, que o decreto se aplicava aos casos pendentes, pedia-lhe o obséquio de nos dizer de que

[14] Cyrillo Junior, advogado e político paulista.

modo, se para o fim de anular os atos já praticados ou se apenas para sustar o andamento do feito até o fim das hostilidades.

Passados oito dias sem uma resposta, dirigi-me ao Itamaraty, pedindo para falar com o Ministro. Este, vendo-me através da porta entreaberta, mandou dizer que não me podia receber. E eu me retirei, mas para voltar à carga dois dias depois.

Dessa vez ele me recebeu e disse: "— Vocês estão procurando amolar-me, pondo-me numa situação difícil". Eu respondi: "— Absolutamente, apenas estamos procurando que o senhor nos dê o seu apoio, como deu à outra parte". Aí ele me disse: "Bom, pode deixar, que vou responder ao Camillo". E dois dias depois o fez, dizendo: "O meu telegrama ao Dr. Cyrillo Junior apenas significa que o decreto está em vigor".

Mas, nem assim, o juiz da 1ª instância decidiu a nosso favor. Obediente ao que lhe parecia o sentido da lei, mandou levantar a penhora. Nosso agravo, porém, teve efeito suspensivo e, graças a um brilhante trabalho do Camillo — e só dele — o Tribunal de Justiça reformou-lhe a sentença, mantendo a penhora que havia sido decretada.

A Proteção Diplomática

Felizmente os credores do Montevideo, J. Henry Schroder & Co., banqueiros de Londres, tiveram um êxito integral na 1ª instância. Cederam o seu crédito pelo principal e juros ao Lloyd Brasileiro, recebendo integralmente o que lhes era devido, cerca de U$ 1,000,000.

Para conhecimento dos que se interessam por saber de que modo agem os advogados e outros auxiliares da Justiça, direi como e quanto cobrei e narrarei a odisséia de um serventuário da justiça — um depositário — que se fiou demais no regimento de custas. Cobrei deles os honorários de 5% em caso de êxito e 2½% no caso oposto, concordando em me satisfazer com esta última porcentagem se o êxito viesse na primeira instância.

Os nossos honorários, pelo combinado, deveriam ter sido apenas U$ 25,000, por ter ocorrido a cobrança antes da apelação.

A causa, porém, dera trabalho surpreendente, com o advento do inesperado decreto-lei e outros incidentes que nos levaram à segunda instância, em recursos interlocutórios. Ponderei-lhes a justiça de fazerem o pagamento pelo máximo e anuíram.

Dias após recebi telegrama dizendo que haviam depositado U$ 50,000 na minha conta em Nova Iorque.

Corri ao Banco do Brasil e vendi-lhes a importância, pedindo que a creditassem na minha conta corrente, no Banco Boavista. Pensando que, entregue o meu cheque ao Banco do Brasil, este, no mesmo dia, creditaria a minha conta no Boavista, escrevi a este pedindo-lhe que pagasse logo ao Camillo, em Porto Alegre, Cr$ 300.000, equivalentes, ao câmbio da época, a 30%.

O Banco do Brasil, entretanto, levou dois ou três dias para efetuar o crédito e o Barão de Saavedra[15], meu dileto amigo, perguntou-me a respeito de minhas instruções, salientando que já as havia cumprido e se eu mandara efetuar algum depósito na minha conta. Disse-lhe que sim, que havia vendido um cheque ao Banco do Brasil e que este ficara de creditar minha conta no Banco. "Ora", me disse ele, "essas coisas sempre demoram".

Mas o que foi motivo de satisfação para o Camillo e para mim, passou a ser um calvário para o Senhor Juvenal, Depositário Público da Comarca do Rio Grande.

Pelo regimento de custas do estado, ele tinha direito a 3% do valor da coisa depositada. Como o navio valia mais do que o crédito ele acabaria recebendo mais do que nós advogados.

Achando isso injusto, quando cheguei ao Rio Grande, propus-lhe um acordo, oferecendo pagar-lhe Cr$ 2.500 por mês e mais 1% do valor da causa final. Recusou, dizendo que preferia cingir-se ao regimento de custas.

Vendido o crédito de Schroder ao Lloyd, o nosso interesse e a nossa responsabilidade cessaram, passando a ser a causa do Lloyd.

Este, em vez de prosseguir com a execução, preferiu pedir ao juiz que autorizasse o navio a viajar, como estava, sujeito a penhora. A ne-

[15] Thomaz Saavedra, diretor do Banco do Brasil à época.

cessidade da navegação em tempo de guerra era tal que o juiz não podia denegar o pedido. E o pobre depositário, receoso de perder seus emolumentos, se não acompanhasse a sua presa, passou a viajar com o navio, expondo-se a todos os riscos, do mar e da guerra marítima, sem que o Lloyd jamais se animasse a lhe pagar seus elevadíssimos direitos. Procurei assisti-lo nessa ocasião no que pude, sem resultado. Foi ele a juízo, mas, peado sempre pela munificência com que o retribuía o regimento de custas, nada conseguiu receber. O juiz, se não me engano, julgou prescrita a sua ação.

N. do A. O acordo entre o Lloyd e Schroder foi feito, na realidade, entre o Itamaraty e a embaixada inglesa. Mas, depois de feito, o Oswaldo [Aranha] começou a protelar em dar as instruções necessárias para que fosse executado, com esperança, talvez, de que alguma coisa surgisse que não tornasse necessário o pagamento.

À sugestão de que o governo, requisitando o navio, o fizesse navegar a despeito da penhora, reagi dizendo que, quando aportasse em porto estrangeiro, Schroder o deteria onde quer que estivesse.

E Maurício, meu irmão, deu ao caso um empurrão, apertando o Oswaldo para que cumprisse o combinado. Assinou-se a escritura de cessão de direito aqui no Rio, ficando o Lloyd de pagar o preço em Nova Iorque. Dois ou três dias, entretanto, se passaram sem que o dinheiro fosse pago, e passei a inquietar-me. Procurei os diretores do Lloyd e afinal a quantia foi paga. Um deles observou que eu havia sido muito confiante, cedendo o crédito, antes de receber o preço. Mas, graças a Deus, a confiança depositada não foi mal colocada.

Em conseqüência do novo decreto baixado pelo governo, não tardou o Tribunal de São Paulo a levantar a penhora que recaía sobre o *Windhuk*, obrigando-nos a retirar de bordo a guarda que havíamos colocado. Ficaram assim os alemães livres para sabotar o navio, quando quisessem, se não tivessem oportunidade de escapar com ele do Brasil.

Foi o que fizeram, derramando cimento líquido dentro das turbinas finíssimas *Brown-Boveri*, feitas na Suíça especialmente para o navio.

E o Brasil, que a essa altura declarara guerra à Alemanha e havia incorporado o navio ao patrimônio da União, sem meios para conserta-lo, resolveu vendê-lo aos Estados Unidos.

O navio foi rebocado até lá e passou a ser um transporte da Marinha de Guerra dos Estados Unidos, sob o nome de *USS Lejeune*, prestando relevantes serviços no Pacífico, até o fim da guerra com os japoneses. Nessa situação o navio ficava imune a quaisquer novas tentativas judiciais para a sua detenção. E os ingleses ficaram a ver navios, quanto ao seu crédito.

Só muito mais tarde vim a ter êxito no Supremo.

Nabuco

- e os -

Abolicionistas Ingleses

Nabuco e os Abolicionistas Ingleses[16]

Escolhi como meu tema "Nabuco e os Abolicionistas Ingleses" porque há pouco tempo tive a boa sorte de obter cópia das cartas que Nabuco escreveu à *British and Foreign Anti-Slavery Society*[17] durante a

---

[16] Conferência realizada no Instituto Joaquim Nabuco de Pesquisas Sociais, no Recife, em 17 de julho de 1974.

[17] **N. dos E.** A Sociedade Inglesa e Estrangeira Contra a Escravidão (*British and Foreign Anti-Slavery Society*) foi constituída em 17 de abril de 1839, alguns meses após a abolição na Inglaterra da instituição do aprendizado, que substituíra nominalmente a escravidão mantendo aspectos desumanos da hedionda instituição, como os castigos corporais. Ela foi uma decorrência do movimento abolicionista inglês, organizado desde o século anterior, e que já combatera a escravidão e o tráfico na Grã-Bretanha e em suas colônias de ultramar.
Sir Thomas Foxwell Buxton e Thomas Clarkson estavam entre os organizadores que se propunham abolir a escravidão da face da terra, 67 anos depois da abolição formal na Inglaterra, em 1772 — que, no entanto, mantivera legal o tráfico e a escravidão em seu império colonial até 1807, quando os ingleses ainda dominavam metade do tráfico atlântico de escravos.
A maior parte dos organizadores era composta de homens de religião *quaker*, batista e metodista. Eles uniam seus esforços aos de William Wilberforce, Zachary Macaulay e outros, que haviam fundado a Sociedade para Atenuação e Abolição Gradual da Escravidão nos Domínios Britânicos (*Society for the Mitigation and Gradual Abolition of Slavery Throughout the British Dominions*), conhecida como *Anti-Slavery International*, em 1823. Mas a luta já vinha de antes.
Os abolicionistas ingleses conseguiram estabelecer a colônia de Serra Leoa e a cidade de Freetown, que recebiam os escravos ingleses libertos por ações judiciais posteriores à abolição formal na Inglaterra. Não bastava legislar, era necessário impor a liberdade e fomentar o comércio e o trabalho livre.
E as colônias britânicas plantadoras de açúcar só seriam competitivas economicamente se a escravidão fosse abolida de países como Cuba e Brasil.

campanha abolicionista. As da Sociedade a ele já estavam aqui no Instituto Joaquim Nabuco de Pesquisas Sociais, que teve a bondade de me mandar cópias para que eu pudesse compor esta palestra.

A *Anti-Slavery Society* foi fundada em 1823 por Wilberforce, Buxton e outros. Ao tempo do movimento abolicionista no Brasil, já havia conseguido seus fins nas colônias britânicas, mas trabalhava ainda pelos egípcios e muçulmanos, acompanhando também de longe os acontecimentos políticos no Brasil.*

A Sociedade ainda existe e trabalha contra alguns poucos redutos de escravidão que subsistem em certos países primitivos, mas está com os seus recursos financeiros muito reduzidos. Para conseguir fundos com que manter a sua tarefa, vendeu os seus arquivos à Universidade de Oxford, onde hoje se encontram na Bodleian Library. Foi lá que fui buscar o microfilme, entregue com mil resguardos de que não seria reproduzido sem consentimento e pedido de que lhes dessem notícias de qualquer trabalho em que as cartas fossem utilizadas.

Assim trago hoje a esta sala uma correspondência inteiramente inédita de Nabuco, extremamente expositiva, ao principal correspondente na Sociedade da sua ação na campanha abolicionista.

As cartas são escritas em inglês e Nabuco é modesto ao apreciar os seus conhecimentos lingüísticos:

Eu não sei — diz ele a Allen[18]*, — escrever em inglês de um modo que se possa apresentar ao público, mas encontrarei alguém versado em gramá-*

---

* Carolina Nabuco, *A vida de Joaquim Nabuco*, 1ª edição, 1928, p.128.

[18] **N. dos E.** Charles H. Allen era o secretário geral da *Anti-Slavery International*. Esteve com Joaquim Nabuco no Congresso de Milão em 1883, ano em que Nabuco publicou em Londres O *Abolicionismo*, libelo anti-escravista e livro seminal para a compreensão do Brasil de então. Era o início da onda de liberdade que veio do Norte, e Joaquim Nabuco pôde escrever ao *Times* de Londres, em maio de 1883: "os escravos da cidade de Fortaleza e de todo o seu distrito eleitoral foram libertos por um movimento espontâneo do povo".

tica que possa corrigir a minha contribuição. Acho que isso seria um grande serviço prestado à causa da emancipação, e esta é a razão pela qual não me encolho diante dela, e peço desculpas por não poder fazer melhor.

O seu amigo Allen não está muito de acordo com isto e lhe escreve sobre o artigo que Nabuco lhe pedia para publicar com aquelas escusas quanto ao seu inglês:

Estamos mandando compô-lo, diz Allen, com uma ou duas alterações verbais muito ligeiras (sublinhado) feitas a bem da eufonia, mas preciso assegurar-lhe que o seu inglês é quase tão bom quanto o de um inglês. De fato é muito melhor do que muitos de nós sabemos escrever.

A primeira das suas cartas à Sociedade foi escrita em 8 de abril de 1880 e Nabuco já nos dá a conhecer a sua posição quanto à escravidão:

Coloco o interesse da emancipação acima de qualquer outro; e lhe dou primazia sobre compromissos ou filiações partidárias. Comparada com essa grande reforma social, que estenderá os direitos de liberdade, propriedade, família e consciência à raça que produz mais de dois terços das exportações brasileiras, qualquer outra reforma política desaparece.

No fim do ano de 1880, Nabuco parte para a Inglaterra, em férias, esperando estar com o seu amigo e chefe, o Barão de Penedo[19], em cuja legação já servira como adido, durante mais de um ano.

Infelizmente, quando chega a Bordeus, tem a notícia de que Penedo estava no sul da França e lhe escreve:

Entre os motivos que me trouxeram à Europa, acredite-me não é o último nem o menor o desejo de vê-lo. A notícia de que se achava em Nice surpreendeu-me muito desagradavelmente... Até à última hora hesitei se iria logo

---

[19] F.I. de Carvalho Moreira (1815-1906), barão de Penedo, ministro do Brasil em Londres. Presidente do Instituto dos Advogados, antes de exercer, por muitos anos, cargos diplomáticos.

*abraçá-lo, mas o conhecimento que tenho da sua pessoa e de mim mesmo fez-me recuar diante da hipótese de vir à Europa para ficar en Nice. Sou hoje o homem de uma idéia, ainda não um fanático ou um missionário, mas um soldado firme no seu posto. Em Londres posso fazer muito mais pela causa do que sob os laranjais do Mediterrâneo.**

* Carolina Nabuco, obra citada, pp .125-126.

Os escravos do Morro Velho

As relações de Nabuco com a *British and Foreign Anti-Slavery Society*[20] começaram com uma carta dessa sociedade, felicitando-o pela sua atitude no caso dos escravos da Companhia de Mineração do Morro Velho.

A *São João del Rey Mining Company*, mais conhecida como a Companhia do Morro Velho[21] comprou em 1845 terras à Companhia Catta Branca e arrendou os escravos que nelas trabalhavam, com a condição de libertar os de maior idade ao fim de 14 anos e os menores quando atingissem 21 anos.

Ao se aproximar o fim dos quatorze anos, as duas companhias prorrogaram o contrato de arrendamento dos escravos, reduzindo a termos insignificantes a sua libertação.

Em 1879 o caso veio a público e Nabuco, que acabava de ser eleito deputado, fez um discurso invectivando a companhia inglesa pelo seu procedimento.

---

[20] A sociedade incluíra a palavra *foreign* no seu nome por causa dos seus interesses em outros países, que não os do Império Britânico e, talvez, por ter numerosos sócios correspondentes estrangeiros.

[21] A Mineração Morro Velho é hoje subsidiária da AngloGold, empresa sul africana líder em extração de ouro em todo o mundo. Ela explora minas nas cidades de Nova Lima, Raposos e Sabará, na região metropolitana da capital mineira, desde o século 19.

Elementos abolicionistas propuseram uma ação contra a Companhia, em nome dos escravos, exigindo a sua liberdade e o pagamento dos seus salários, desde o dia em que o cativeiro devia ter terminado.

A Companhia defendeu-se dizendo que o contrato era particular, nunca chegara ao conhecimento dos escravos e podia, portanto, ser alterado à vontade das partes.

O juiz não entendeu dessa forma. Houve recurso e na segunda instância a Companhia foi condenada não só a libertá-los como a pagar-lhes os vencimentos atrasados desde o dia em que deveriam ter sido libertados pelo primeiro contrato.

A questão encerra um problema jurídico de estipulação a favor de terceiro, que me permitirei expor pela atração que exercem sobre mim as questões de direito.

Pelo nosso código civil, se duas partes fazem uma estipulação a favor de um terceiro, não podem mais voltar atrás, a não ser que o contrato tenha declarado expressamente que o benefício era revogável.

No direito antigo não sei se era assim. Tenho a impressão, por um comentário de João Luiz Alves, que não era, e que a estipulação podia ser revogada a não ser que constasse de registro público.

Mas, em todo o caso, o direito proclamado pelos tribunais na ocasião foi o que veio a se integrar na nossa legislação civil atual e o episódio serviu para fomentar a campanha abolicionista.

Nabuco agradece à Sociedade pelas felicitações recebidas em longa carta, que tem data de 8 de abril de 1880. Notemos a gentileza com que ele se refere à Inglaterra:

O fato de uma grande companhia inglesa ter-se prestado durante vinte anos a ser o instrumento principal da escravidão ilegal de centenas de homens, cuja liberdade havia sido solenemente prometida por um contrato público, em parte alguma poderia suscitar tanta indignação quanto na Inglaterra. É por isso que a São João del Rey Mining e seus cúmplices nunca tiveram adversários mais constantes e irreconciliáveis do que os representantes de Sua Majestade Britânica no Brasil.

Eu estava perfeitamente ciente na ocasião de que estava prestando um serviço tanto à nação inglesa quanto aos escravos do Morro Velho, denunciando a espoliação da liberdade humana, perpetrada por uma importante empresa de mineração de ouro da América do Sul sob o signo da bandeira inglesa.

Tinha eu, em vista, apenas chamar a atenção do país para aquele escandaloso conluio e lhe dar a maior publicidade possível. De fato a Justiça, depois desse passo, não podia se fazer demorada. Compartilho com o maior entusiasmo o louvor que o Senhor tece ao digno Magistrado, cujo nome peço licença para mencionar, o Juiz Frederico Augusto Álvares da Silva, que por sua sentença afirmou o direito dos negros da Catta Branca à sua liberdade e ao seu salário por uma forma, estou seguro, que não será alterada daqui por diante. Infelizmente é muito lamentável e o caso deveria ser investigado que dos 380 escravos que em 1845 conseguiram a justo título, um direito perfeito à sua liberdade (os menores quando atingissem 21 anos, os outros depois de 14 anos de serviços prestados), somente 123 apareçam agora para receber as suas cartas de alforria das mãos da Justiça Pública.

Da decisão de primeira instância houve recurso de parte a parte.

Em 23 de outubro de 1881, Nabuco escreve à Sociedade dando notícias do andamento do processo:

A sentença da Corte de Apelação de Ouro Preto foi anulada e a Corte de Apelação do Rio proferirá nova sentença a respeito dos salários atrasados e do direito de alforria por força do contrato de 1845. A importância do acórdão que ordenou a revisão da sentença mineira está principalmente em que pela sentença de Ouro Preto os negros foram considerados livres pela alforria que a Morro Velho lhes deu em 1880 e não pelo contrato de 1845, ao passo que o Supremo Tribunal diz que o seu direito à liberdade vem desde a data do contra-

to entre a Catta Branca e a Companhia Morro Velho nesse último ano. É também muito importante que na Suprema Corte se tenha proposto mover um inquérito oficial contra os representantes da Morro Velho por terem reduzido gente livre, de cuja liberdade estavam ao par, à escravidão, matriculando-os como escravos em 1872. Esse foi o voto, como o Senhor verá no acórdão, dos Ministros da Suprema Corte, Silveira e Sayão Lobato. O Tribunal não ordenou a instalação de processo-crime simplesmente porque tecnicamente não encararam do mesmo modo o crime de reduzir pessoas à escravidão, quando elas estão já livres e quando têm o direito mais claro e incontestável, que é o direito à liberdade. Esse é um fundamento puramente técnico e não significa que os Ministros que votaram contra a instauração do processo penal tenham divergido dos seus colegas, que insistiram por ele, quanto à existência de um conluio para manter na escravidão homens que deveriam ter sido libertados vinte e dois anos atrás.

Em carta de 16 de julho de 1882, Nabuco felicita Allen e a Sociedade Contra a Escravidão pela sentença final proferida contra a Companhia do Morro Velho e a favor dos escravos.

Em 22 de julho de 1882, Allen escreve a Nabuco dizendo que está preocupado com uma frase deste de que os escravos de Catta Branca talvez por 10 ou 20 libras assinassem uma quitação geral de todos os seus salários atrasados e transmite a impressão de Mr. Sturge, Presidente da Sociedade, de que se deveria dar curador a esses pretos. Ele se dispõe a fazer face às despesas de telegramas e de correio ou de custas até o máximo de 10 libras. Naquele tempo essa quantia era bem mais do que hoje, talvez dez vezes maior, correspondendo, digamos, a Cr$ 1.500,00. Não é muito, mas às vezes com pouco se defendem grandes causas e se conseguem grandes resultados.

Em 21 de julho de 1883, Allen agradece a Nabuco ter-se dado ao trabalho de transmitir ao governo brasileiro palavras da Sociedade, pedindo-lhe que cobrasse da *São João del Rey Mining Company* os salários dos 220 escravos que morreram na servidão, quando já deveriam ter sido libertados.

E já que estamos falando de finanças, em 13 de junho de 1884 Allen escreve a Nabuco, dizendo que a Sociedade está quase falida, só lhe restando 100 libras e pergunta se algum abolicionista no Rio não desejaria enviar-lhe uma contribuição.

O formalismo dessa carta faz desconfiar que talvez o iniciador da idéia tenha sido o próprio Nabuco.

A imigração Chinesa

Na carta de 8 de abril de 1880, Nabuco, além de agradecer as felicitações que recebia pela sua atitude em favor dos escravos de Morro Velho, agradece o apoio que a Sociedade anti-escravagista lhe dava com relação à importação de *coolies* da China, que o Governo Sinimbu[22] pretendia realizar para aliviar o problema da falta de braços nas províncias do sul do país e que Nabuco também combatia:

Acho, como os Senhores, que qualquer contrato de trabalho celebrado com a China rapidamente degeneraria numa situação de escravidão para os contratados, qualquer que seja o país para onde se dirijam. Oponho-me à idéia de sustentar artificialmente as grandes propriedades agrícolas, substituindo pelo asiático o decadente apoio africano. O plano, entretanto, parece ter encontrado um obstáculo insuperável, na recusa do Império Celestial, pelo seu governo, de celebrar qualquer tratado que permita que a emigração dos seus súditos se transforme em negócio.

[22] João Lins Vieira Cansanção (1810-1907), visconde de Sinimbu.

Um prazo para a Abolição

Na mesma carta escrita em 1880, Nabuco anuncia que vai apresentar um projeto de lei estabelecendo a data limite de 1º de janeiro de 1890 para a completa abolição da escravidão no Império:

Sei que tão largo prazo é uma transigência, mas é necessária. É o único meio de superar as dificuldades que ainda são muito grandes... Um prazo pré-fixado, como esse de 1º de janeiro de 1890, deixa tempo aos fazendeiros para preparar a grande evolução, e ao mesmo tempo desperta nos corações dos escravos uma esperança inestimável, de um preço infinito, que lhes tornará a vida cada vez menos árdua, a cada passo de tempo que os aproxime da sua liberdade.

Esse projeto não se tornará lei este ano, mas será apresentado em todas as sessões, numa Câmara Liberal, por mim ou por algum dos meus amigos. Numa Câmara Conservadora por algum abolicionista destacado, como o Sr. Gusmão Lobo, e irá aumentando cada vez em votos até que afinal triunfe. Como a data não será alterada, cada adiamento tornará o período de transição mais curto, mas não será atravessada no Brasil, espero, com um só homem escravo.

A esperança que aqui manifesto encontrará certamente a simpatia do Imperador, que não pode senão estar sinceramente desejoso de deixar à sua filha um país livre da escravidão, pois ele já teve quarenta anos de reinado para fazer aquilo que o Czar Alexandre II da Rússia fez em seis, não para um mi-

lhão, mas para quarenta milhões dos seus súditos, contra riscos terríveis e resistências sociais inigualáveis, sem dispor, de fato, de maior força do que tem o nosso Imperador.

Teremos, além disso, do nosso lado, a generosidade do caráter nacional e, principalmente, a cumplicidade dos senhores de escravos, que por sentimentos humanitários estão se tornando, cada vez mais, os melhores obreiros da emancipação.

A lei feita pelo Visconde do Rio Branco[23] *na sua administração não foi certamente uma transação entre duas soberanias independentes, o Estado e a escravidão. Não foi um contrato do* **ut des**, *nem um tratado de aliança. Foi, como qualquer outro, um ato legislativo a ser submetido à prova da experiência e, pela sua própria natureza, apenas um precursor da solução definitiva. Ela abalou o edifício tradicional, expôs as suas fundações seculares e agora a queda tem que vir. No último Governo o movimento foi freado por algum tempo, mas o Gabinete caiu e a emancipação continua de pé. Que melhor sinal do espírito público do que a liberalidade particular de grandes e pequenos proprietários, deixando em seus testamentos a liberdade aos seus escravos e distribuindo terras entre eles? Cada dia um novo nome se inscreve no livro de ouro, cujas páginas todo brasileiro tem orgulho de ler. Que melhor sinal também do que a posição assumida pelos principais jornais do país, todos favoráveis à emancipação, como o* Jornal do Commercio, *cuja defesa do fundo de resgate honra o nosso jornalismo, e a* Gazeta de Notícias, *sempre aberta a qualquer reforma social? Toda a generosidade do país está levantada, desde muito tempo, a favor de uma abolição progressiva. Em qualquer lugar, nos comícios públicos ou nas galerias no Parlamento, cada palavra sobre a abolição desperta aplausos e uma verdadeira popularidade se liga à memória daqueles que foram os precursores da idéia e a cada estadista que procura construir a grandeza do país sobre um solo livre. Finalmente podemos contar com um tardio mas poderoso contingente, quando todos aqueles que descendem dos escravos compreendam o dever que a herança lhes impõe com a causa que defendemos.*

[23] José Maria da Silva Paranhos (1819-1880), pai do Barão do Rio Branco, grande político do Império.

O fato continua, mas o direito passou, disse meu Pai, o Senador Nabuco, referindo-se à benfazeja lei de 28 de setembro de 1871. Pois bem, um fato que não repousa sobre o direito está condenado a perecer. Não tem vida própria, perene, e quanto mais cedo desapareça, melhor será.

A Sociedade Inglesa e Estrangeira contra a Escravidão assiste cada dia à propagação dos seus esforços. Esse é o resultado do trabalho de nivelamento social e moral que está sendo realizado nos países civilizados. Esses esforços mais de uma vez se dirigiram para o Brasil e não lograram êxito. Pois bem, o dia não está muito longe, quando no mapa geográfico da escravidão, o Brasil e Cuba, duas das mais lindas e férteis porções do globo, não serão mais manchas negras no solo americano. Naquele dia o seu trabalho estará quase terminado, mas somente a partir daquele dia, numa data que eu chamei de "hégira" nacional, começará a vida nova de um país destinado a se tornar, por força tão-somente do trabalho livre, uma casa abençoada e o orgulho dos seus filhos naturais ou adotivos.

Ocorre-me lembrar, com relação à frase acima, onde Nabuco demonstra a sua gratidão por aqueles que em testamento davam a liberdade aos escravos, que na Inglaterra, onde existiu a servidão da gleba, a abolição se faz através dos séculos, sem uma única lei que a decretasse.

Macaulay, na sua *História da Inglaterra*, diz que a liberdade se deveu à Igreja: que eram os confessores que na hora da morte aconselhavam aos seus penitentes a fazer um gesto final de generosidade, libertando os seus servos. E foi assim que, de homem em homem, de passo em passo, a Inglaterra veio a se tornar o país mais livre e liberal do mundo, o que mostra que nós também podemos amealhar com um pequeno esforço riquezas muito grandes em bem-estar e felicidade social.

A Sociedade Brasileira contra a Escravidão

Inspirando-se no trabalho da Sociedade Inglesa e Estrangeira contra a Escravidão, Nabuco fundou, também no Brasil, em 7 de setembro de 1880, no dia da nossa Independência política, aos 31 anos de idade, a Sociedade Brasileira contra a Escravidão.

A sessão inaugural e de instalação foi realizada na sua própria casa, onde vivia com seu Pai, no Flamengo, na esquina da atual Rua Corrêa Dutra, que naquele tempo tinha o nome mais poético e bonito de Rua Bela da Princesa, o que digo com todo respeito ao titular do nome que hoje tem.

Nabuco foi eleito Presidente. Imprimiu-se papel de carta com o timbre da nova Sociedade, e, em fins de dezembro de 1880, ele embarca para a Inglaterra munido de uma carta de apresentação da Sociedade, assinada por Adolfo de Barros como Vice-Presidente, José Américo dos Santos como Secretário e André Rebouças como Tesoureiro.

Esses seus companheiros constantes na luta davam a Joaquim Nabuco, presidente da Sociedade, credenciais para representá-la junto à sua congênere inglesa.

Nabuco, quando ausente, se empenha sempre junto a eles para que não deixem esmorecer o trabalho da Sociedade. Rebouças escreve-lhe em 7 de abril de 1883, contando novas atividades e dizendo-lhe:

Já vês que renasceu a nossa filha querida.[*]

---

[*] Carolina Nabuco, obra citada, p. 147.

A Candidatura pelo Rio

Voltando ao Rio em 1881, Nabuco escreve a Allen em 5 de junho dizendo que chegara havia um mês, mas que os seus compromissos e deveres eram tantos que não tinha tido um momento para lhe escrever e pensar no prazer que experimentara em conhecê-lo. Diz, como em geral se começa uma conversa, que não havia nada de novo a falar, e depois passa a contar como foi calorosamente recebido pelos seus amigos, mas que "está em dúvida sobre se a recepção que teve na Europa não proporcionou ao partido escravagista um bom assunto a explorar diante do seu eleitorado".

Diz que é voz corrente que a Câmara será dissolvida e novas eleições realizadas ainda naquele ano.

Anuncia que vai se apresentar pelo Rio de Janeiro, capital do Império, e que muitos trabalharão por ele.

O resultado, entretanto, parece-lhe muito duvidoso, pois o Rio de Janeiro é muito importante para ambos os partidos e a vitória é muito cobiçada.

Se perder o meu lugar na Câmara, terei tido uma carreira política muito curta; mas prefiro isso a ter uma longa, aceitando a escravidão.

Acrescenta que se tiver de deixar a vida pública por não ser eleito, procurará passar algum tempo na Inglaterra, auxiliando de Londres, tanto quanto puder, o movimento abolicionista.

No dia 23 de outubro de 1881 escreve ao Allen dizendo que a batalha eleitoral será travada no dia 31 e que é quase impossível a sua vitória.

O candidato que provavelmente me derrotará é um fazendeiro de café em São Paulo. Eu me apresento pelo Rio. Foi uma tentativa muito ousada essa, de lutar contra a escravidão na cidade que dizem ser a capital do café. Se for derrotado como conto ser, irei provavelmente para Londres por alguns anos, já que quase nada poderei fazer fora do Parlamento, exceto educar o povo através de panfletos e escritos e isso posso fazer melhor de Londres do que daqui.

Mandarei ao senhor os documentos da campanha e os resultados da votação. Pretendo dizer no meu próximo discurso que se for derrotado sofrerei a proscrição e o antagonismo social, que o voto de ostracismo revelará, entre os abolicionistas e os eleitores, a mesma resignação e paciência com que os escravos agüentam a sua condição intolerável. Num país onde mais de um milhão de homens não têm direito a ter uma família protegida pela lei ou bens particulares, a não ser a grande risco, nem a ver o seu trabalho pago um dia sequer durante a vida, é uma condenação muito suave aquela que me obrigue a deixar a vida política e dar o meu lugar no Parlamento aos donos dos escravos e aos delegados da escravidão.

Nabuco termina a carta felicitando Allen pelo grande trabalho que fez no Egito e pede desculpas pela extensão que atingira a sua carta.

A derrota eleitoral foi inevitável, como Nabuco contava, mas a viagem à Europa também não se fez esperar. Em 1º de janeiro de 1882, já em Londres, escreve de 32, Grosvenor Gardens, ao seu amigo Allen, a quem sempre trata de "senhor", com a cerimônia da época, dizendo:

Aqui estou de novo, pretendendo ficar uns dois anos estudando as instituições inglesas e aproveitando do melhor modo a minha estada no estrangeiro. Envio-lhe o retrato que me pediu e um número do Abolicionista, que saiu depois da minha partida. Temos muita coisa sobre que conversar.

Três dias depois, em 5 de janeiro de 1882, Nabuco manda um bilhete a Mr. Allen, lamentando não ter chegado a tempo de prestar as últimas homenagens ao "pobre Mr. Cooper", um dos colaboradores da Sociedade. "Ele viveu uma vida nobre, e isto é o melhor que se pode fazer", conclui meu pai.

O nosso eminente mestre, Gilberto Freyre, há pouco, quando se referiu à vida de Joaquim Nabuco, usou o mesmo adjetivo "nobre". É o que Nabuco também gostava de usar quando se referia aos grandes abolicionistas, como veremos novamente adiante, e quero registrar o prazer que sinto eu, hoje aqui, por ele, de ouvir a sua obra qualificada da mesma forma.

O Congresso de Milão

Nessa altura surge uma ocasião importante de fazer repercutir no exterior a campanha contra a escravidão.

Em *post scriptum* a uma carta escrita em agosto de 1882 (era, portanto, idéia de último momento), Nabuco avisa a Allen que o *Institut de Droit International* ia se reunir em Turim no dia 11 de setembro e que ele achava que devia ser lido perante esse Instituto um memorando pedindo a condenação pública da escravidão, pelo Instituto, em nome do direito internacional.

Se for preciso, diz, eu poderia enviar-lhe a petição, e gostaria de assiná-la por parte da Sociedade contra a Escravidão do Rio de Janeiro. Certamente algum eminente inglês pertence ao Instituto e poderia se ocupar do caso. Posso lhe mandar um memorando sobre os pontos em que deve repousar a petição. O documento poderia ficar pronto até 30 de agosto, de modo a dar tempo suficiente de enviá-lo a Turim antes que o Instituto se reúna. Sei que cabe perfeitamente dentro dos fins do Instituto examinar o assunto sob o ponto de vista internacional e da civilização.

Em 28 de agosto de 1882, Nabuco escreve a Mr. Sturge, na ausência de Allen, lamentando que Sir Travers Twiss não pudesse suscitar a questão perante a Sociedade de Direito Internacional, e diz:

Eu estava preparando um estudo sobre a escravidão em face do Direito Internacional, mas como o senhor não pode convenientemente colocar o assunto diante do Instituto, é melhor adiá-lo para a reunião do ano que vem. Nesse ínterim, ampliarei o estudo que estou escrevendo quando for a Londres, porque não tenho livros aqui.

Essa carta é escrita de Brighton, onde Nabuco estava hospedado em 117 Weston Road.

Nesse ano de 1882 não conseguiu levar adiante a sua idéia, mas ela se concretizou no ano seguinte. Nabuco e Allen compareceram à reunião[24] como representantes da Sociedade Inglesa contra a Escravidão e Nabuco teve ocasião de defender a sua proposta condenando a escravidão e de vê-la aprovada pelo plenário. A iniciativa foi memorável e, anos depois, Allen escrevia a Nabuco:

Lembro-me sempre da visita que fizemos juntos a Milão para obter da Conferência a declaração de que o tráfico de escravos deveria ser assemelhado à pirataria e, na qual, um membro da nossa diretoria, Sir Alexander, apoiou habilmente a causa que o senhor tão ardorosamente advogou.

Dessa colaboração guardou também Nabuco boa lembrança.

Em 1900, achando-se em Paris, trabalhando na defesa dos direitos do Brasil na fronteira com a Guiana Inglesa, e residindo então na Avenue Friedland 33, Nabuco escreve ao novo Secretário da Sociedade contra a Escravidão:

Como trabalhei numa ligação tão cordial com a Anti-Slavery Society *quando combati a escravidão no Brasil e tive a honra de representá-la junto com o querido Mr. Allen no Congresso de Milão de 1883, estou ao seu serviço, para qualquer causa... estou contente de ver que Mr. Allen teve a sorte de ter como sucessor um dos membros da família patrícia abolicionista dos Buxtons, que herdou o espírito que tornou seu nome para sempre memorável.*

---

[24] Essa reunião foi da *Internacional Law Association* e não do *Institut.* Foi presidida por Travers Twiss. Esta associação foi fundada em 1873, sendo a reunião de 1883 que adotou uma resolução contra o tráfico de escravos, presidida pelo mesmo Sir Travers Twiss.

O esforço ou o ambiente, entretanto, não haviam sido saudáveis para Nabuco e, em 31 de março de 1884, ele escreve ao Allen dizendo:

Espero que o senhor esteja passando bem depois das suas curtas férias. Vou tirar agora as minhas, pois desde que vim de Milão a minha saúde tem deixado muito a desejar e já perdi 14 quilos sem conhecer a causa da minha extrema debilidade nervosa.

Espero que uma longa viagem marítima, com a mudança de clima ou de ambiente, possa me curar, se aquilo de que estou sofrendo é apenas excesso de trabalho combinado com saudades de casa e falta do sol da minha terra.

Penso partir para o Brasil no dia 15 e ficar lá uns quatro meses, mas quem sabe. Enquanto isso, tenho o prazer de lhe dizer que o movimento abolicionista lá está se tornando cada dia mais forte e espero que as minhas férias possam ser empregadas em agitar a questão ainda mais do que ela já se agita. O momento parece-me chegado para uma ação enérgica de alguma espécie.

A Depuração de Nabuco

Em 19 de novembro desse mesmo ano de 1884, Nabuco escreve a Mr. Allen:

Estou aqui em Pernambuco lutando por um lugar no Parlamento. A eleição será no dia 1º de dezembro e pelo dia 4 o senhor já poderá saber, escrevendo para a Legação do Brasil, se fui eleito ou não. O senhor sabe que temos agora uma administração abolicionista, que me dá grande apoio. Fiz diversos discursos em lugares públicos e a eleição aqui é a que os abolicionistas estão disputando com mais vigor em todo o Império. Será uma vitória bem merecida se triunfarmos em Pernambuco. Nunca estive tão ocupado em minha vida.

No dia 22 de fevereiro de 1885, Nabuco escreve a Allen:

Enviei-lhe uns jornais com notícias da minha recepção aqui no Rio. Entendo que fui eleito pela cidade de Recife, capital de Pernambuco, mas os conservadores, junto com os liberais escravocratas, estão procurando expulsar-me da Casa, e isso dará lugar a um movimento forte contra o Parlamento, se forem bem sucedidos. Como dou todo o meu apoio ao Gabinete Dantas[25]*, será uma derrota para ele e outra para a causa abolicionista a minha depuração.*

[25] Gabinete de Manoel Pinto de Souza Dantas (1831-1894), magistrado e político, senador do Império.

Os nossos adversários estão fazendo tudo para anular a minha eleição, que é a primeira da sua espécie no Brasil. Foi disputada à moda inglesa ou americana, em reuniões públicas, em vez de sê-lo pelo sistema corrupto da intimidação ou da compra de votos, que é a força da escravidão. A opinião pública está muito exaltada. A unanimidade do sentimento abolicionista nas grandes cidades do Brasil é total e estamos fazendo rapidamente a mais pacífica emancipação que o mundo jamais viu em tamanha escala.

Em 17 de maio de 1885, Nabuco dá a Allen a notícia da sua depuração.

Depois de um longo suspense o meu direito de representar a capital de Pernambuco, a cidade de Recife, foi desprezado na Câmara por uma coligação de conservadores e liberais escravocratas, contra as forças unidas dos liberais, republicanos e conservadores abolicionistas. A Câmara, assim, acolheu nessa cadeira um homem que a maioria do eleitorado, numa eleição perfeitamente legítima, repudiou. Mando-lhe hoje um editorial do País onde a minha exclusão do Parlamento é severamente criticada. No Recife a notícia produziu um grande choque, como o senhor poderá ver pelo Rio News. *Haverá nova eleição no dia 7 de junho, em um dos distritos da Província. Os candidatos liberais desistiram a meu favor, de modo que tenho de novo a chance de entrar no Parlamento, embora pequena, por se tratar, dessa vez, de um distrito agrícola.*

Os sete votos liberais, que acrescidos aos dos conservadores, me rejeitaram, foram de homens inteiramente dependentes do patrocínio da escravidão ou dos comerciantes de café. O novo Ministério,[26] *veio ao Poder desconfiando de nós, e nós, abolicionistas, dele, e embora o ministério tenha a promessa de apoio dos conservadores e dos liberais escravocratas, já apresentou um projeto de lei que é quase o mesmo que levou à derrota o Sr. Dantas, o que mostra a força do movimento contra a escravidão.*

---

[26] Do Conselheiro Saraiva, José Antonio Saraiva (1823-1895), político, advogado, deputado e senador, que exerceu vários ministérios no Império.

O Gabinete acha que o seu projeto porá fim à escravidão pela compra de escravos em sete ou oito anos. Nós combatemos o princípio da indenização, mas acabaremos, acredito, votando as verbas necessárias, por mais injusto que seja obrigar o povo, os próprios escravos e todos os senhores que espontaneamente libertaram os seus, a pagar impostos pela libertação de escravos alheios.

Se for eleito no dia 7 telegrafarei à Legação do Brasil, de modo que o senhor já poderá saber, quando receber esta carta, qual foi o meu destino.

Desejo muito ver-me outra vez em Londres, mas tanto pelo artigo do País, *como pelo procedimento dos candidatos liberais que desistiram dos seus lugares em meu benefício, o senhor verá como é difícil para mim deixar agora o meu país.*

Os nomes desses candidatos não devem nunca ser esquecidos e eu agora vou citá-los com o maior respeito. São Ermírio Coutinho e Joaquim Francisco de Mello Cavalcanti. Do primeiro conheço um neto médico, residente no Rio e com quem me avistei algumas vezes. Do segundo, ao que saiba, não tenho o prazer de conhecer a descendência.

Felizmente a eleição correu bem e, no dia 22 de junho, Nabuco pode escrever a Allen[27] enviando-lhe recortes dos jornais sobre a sua eleição[28] e sobre a recepção que teve em Pernambuco:

Nunca se viu uma coisa assim antes, — diz ele na carta. Mais de cinqüenta mil pessoas tomaram parte na recepção e foi um feriado geral, toda a cidade enfeitada de flores, música, bandeiras e luzes à noite. Isso mostra a força que o movimento abolicionista adquire. É uma ressurreição nacional ou, melhor ainda, um nascimento nacional.

Em 6 de agosto de 1885, Nabuco escreve a Allen dizendo que havia formado na Câmara um grupo parlamentar abolicionista cujos estatutos lhe remete:

---

[27] Escreveu a Allen antes mesmo de escrever a Penedo. A este só escreveu no dia 24.

[28] A eleição foi no dia 7, na ausência de Nabuco.

Até o fim desta legislatura a luta contra a escravidão será dura. O Governo vai conseguir a aprovação do seu projeto. Os dois antigos Partidos, formados principalmente por donos de escravos e representantes do poder político da escravidão, dão apoio ao Gabinete Saraiva, com receio de legislação mais avançada e votaram a favor do seu projeto para evitar a apresentação de alguma medida realmente franca e honesta. Nós estamos naturalmente fazendo oposição à vergonhosa lei através da qual a escravidão se perpetuará na dívida nacional, ameaçando arruinar a nação.

Disse eu outro dia, na Câmara, que ela tinha se transformado num mercado de escravos do Marrocos. Vão aprovar uma tabela, fixando o preço dos escravos com menos de vinte anos de idade, em £ 90, dos de 30 a 40, em £ 80, dos 40 a 50, em £ 60, dos de 50 a 55, em £ 40 e dos de 55 a 60, em £ 20. Escravos com 60, 61 e 62 anos serão libertados, mas apenas nominalmente, pois ainda terão que trabalhar três anos para os seus donos, os de 63 anos, dois anos e os de 64, um ano, ficando desde logo livres só os de 65. Os preços acima são escandalosos e o escândalo é maior porque o projeto altera a lei atual, que permite a um escravo resgatar-se através de um pecúlio adquirido e valor decidido por arbitramento.

Pela nova lei a avaliação é abolida e o escravo terá que pagar pela sua liberdade a totalidade do preço fixado para os demais da sua idade, sem atender às suas condições pessoais.

Mas o que torna esses preços escandalosos é que eles representam o dobro e, em muitas províncias, três vezes mais do que os preços correntes. De modo que o Governo aumenta tanto o preço dos escravos que nenhuma Província poderá fazer, de agora em diante, o que fizeram o Ceará e o Amazonas. Refiro-me a se libertarem aproveitando a queda do preço dos escravos... A nova lei levará cada dono de escravo a esperar a sua vez, para que os seus sejam adquiridos pelo Estado a um preço mais elevado do que poderiam conseguir no mercado.

O Governo conseguiu assim meios de reanimar o mercado escravo e de restituir à velha vida as transações sobre escravos, garantindo a propriedade deles à custa dos contribuintes abolicionistas, dos que não têm escravos, dos estrangeiros, da gente pobre, das pessoas que já libertaram os seus próprios escravos, por último e mais vergonhosamente, dos libertos e dos próprios escravos.

A Derrota Eleitoral

Mandatos não duram para sempre.

Em 15 de janeiro de 1886 Nabuco teve que se apresentar novamente perante o eleitorado do Recife e desta vez foi derrotado. Escreve ele a Mr.Allen :

A maioria que obteve o candidato conservador é devida inteiramente à pressão do Governo sobre os empregados públicos, que formam uma grande parte do pequeno eleitorado desta cidade, e às promessas de emprego distribuídas profusamente entre as classes pobres do nosso povo, enquanto os grandes senhores de escravos obrigavam a todos que deles dependessem a votar contra mim; e os pretos, que são numerosos, não eram todos fiéis à nossa causa e votaram em grande número pela bandeira da escravidão.

Dirigi-me a mais de um eleitor negro e pedi o seu voto. "Não posso, senhor, prometi votar com o Partido Conservador. Já estou comprometido"! O pobre homem não sabia na sua ignorância da solidariedade social que ele já estava comprometido a votar por mim há dois séculos atrás e que a sua própria cor tornava ridícula a sua desculpa de compromisso prévio!

O Brasil sendo tão extensamente uma nação híbrida [Nabuco usa a palavra inglesa *composite* para a qual não me ocorre no momento uma tradução adequada] *ninguém mais do que eu se sente contente de ver que não há nenhum meio de traçar aqui pela cor uma linha de fronteira política, tão di-*

ferente é a nossa situação da que existe nos Estados Unidos. Mesmo a questão da escravidão não criou um sentimento racista, completamente ausente da nossa história e portanto da nossa Constituição atual. Mas ao mesmo tempo esse desinteresse dos pretos do Brasil pela questão da abolição, desde o momento em que deixam de ser escravos e se apegam imediatamente à dignidade de cidadãos e eleitores, renegando os laços de sangue com a sua própria raça escravizada, é um sinal de como a humilhação da escravidão penetrou profundamente no espírito e no coração dos escravos e da dificuldade com que o movimento abolicionista luta contra isso no Brasil. Aqui, de fato, em vez de um sólido voto negro, como nos Estados Unidos, a favor do partido que levantou a voz pela abolição, com uma dívida de gratidão de toda a raça perante os seus libertadores, podíamos ver os pretos, com algumas exceções de valor, seguindo a bandeira do partido dos seus donos, como resto de uma alma escrava ainda viva neles.

Depois de ter dito isto sobre a minha eleição, permita-me darlhe uma idéia da situação política no Brasil e do seu futuro. Os conservadores elegeram um parlamento quase unânime. Os muito poucos liberais que puderam quebrar essa unanimidade são na sua maioria homens que auxiliaram os conservadores a alcançar o poder e que por eles são tratados como auxiliares extremamente úteis.

Esses conservadores disfarçados, contrastando com os verdadeiros liberais, darão idéia de uma divisão de Partidos no Parlamento.

Mas a nova vitória conservadora é notícia triste para o Brasil. Durante mais de 40 anos nunca tivemos eleições de verdade. O Imperador só chamava ao poder o chefe do Partido ou de uma seção do Partido e esse novo ministro tinha imediatamente ao seu dispor uma Câmara de sua escolha. Em Portugal, na Espanha, na Itália e em toda a América Latina, embora em escala diferente, este é, ainda, o sistema eleitoral existente. O Parlamento é uma extensão do Governo do dia. Ultimamente tivemos uma mudança no Brasil. O Partido Liberal reformou o nosso velho sistema de eleição indireta, transforman-

do-o num de eleição direta e o seu principal estadista, o Sr. Saraiva, comprometeu-se, como Presidente do conselho, a realizar eleições livres no país. De fato as duas primeiras eleições feitas no regime da nova reforma eleitoral foram perfeitamente livres, a oposição achando-se até melhor protegida do que o Partido no poder, elegendo de uma vez um grande número de deputados e de outra derrotando o próprio Governo. Embora tenha sido isso uma liberalidade do governo e a liberdade, como disse o grande poeta alemão, só é digna quando conquistada, o país estava orgulhoso da sua nova independência de poder derrubar o Governo, e esse sentimento, se fosse encorajado, poderia criar no povo uma espécie de autoconfiança que lhe permitisse governar-se a si mesmo. Mas agora acabou o sonho. Os conservadores não puderam resistir à tentação. O Sr. Cotegipe[29] não é feito do mesmo material desinteressado do Sr. Saraiva e voltamos ao velho sistema de cada Governo eleger o seu próprio parlamento, pronto a realizar a política que há de mantê-lo no poder enquanto isso for do agrado do Imperador.

A curta vida da liberdade eleitoral no Brasil e o espírito de vingança política agora às soltas pelo país, no coração de ambos os partidos, são fatos que nos colocam diante de contingências muito sérias. O futuro é realmente difícil. O descrédito da eleição direta significa a queda da última barreira entre a dinastia e a república. Desejando verdadeiras reformas, que agora não tem meios de obter do eleitorado, os liberais estão sendo fortemente conduzidos em duas direções diferentes: uns acham que é inútil lutar contra a presente ordem das coisas e ainda mais inútil ter esperanças nas instituições existentes, enquanto outros acreditam em vir ao encontro dos republicanos, preparando-se para, findo o presente reinado, ver suceder-lhe uma nova forma social.

A crença é muito forte entre os abolicionistas de que o Imperador encorajou o seu movimento a ponto de formar um Governo abolicionista, e depois cedeu à coligação pela escravidão, permitindo que os escravocratas, por assim di-

[29] João Mauricio Wanderley (1815-1889), barão de Cotegipe.

zer, pusessem no bolso as aspirações nacionais, convertendo seus escravos numa dívida nacional, três a seis vezes maior do que o seu valor real. A última mudança de partidos, devida exclusivamente à sua própria inspiração, criou no país a reação contra o movimento liberal. Permitiu que o Governo conservador formasse uma Câmara unânime a seu favor, usando todos os meios de corrupção e intimidação de eleitores, comprometendo o nosso orçamento futuro com a fome voraz de uma nova leva de candidatos a emprego, e, no meio de toda essa confusão, o pobre escravo é obrigado a pagar pelo movimento iniciado a seu favor, sem que ele consinta nesse pagamento. Esse sentimento está agora rapidamente afastando da monarquia a simpatia e a boa vontade de todos os verdadeiros abolicionistas, e, é claro, quem lucra com isso é a campanha republicana, pelo que eu chamo o erro, e espero que a história, quando estiver de posse de todos os fatos e documentos, não chame o crime do Imperador. Aos observadores superficiais a vitória conservadora pode parecer final e decisiva, mas, se descerem fundo nas suas causas, verão que resultou inteiramente da podridão da escravidão e do seu sopro mortífero sobre o caráter nacional e, como tanto o trono quanto as instituições estão apoiados exclusivamente na escravidão, o futuro de toda a contextura é assunto de séria dúvida e preocupação para os que como eu sempre pensaram que o caminho para a monarquia era deitar as suas raízes firmemente no coração do povo, colocando-se à testa da libertação deste país do tríplice monopólio servil, da terra, do trabalho e do capital, mesmo que o Imperador, que sabe que a sua vontade é o único poder real no Brasil, e que ele é praticamente tão poderoso no nosso sistema parlamentar de governo quanto Augusto sob a forma da República consular, quisesse assumir o papel de um déspota civilizante em vez de governar sem peias no coração por mais de quarenta e cinco anos sobre o grande mercado escravo e o leito da nação paralisada.

Em *post-scriptum* acrescenta Nabuco:

Formamos aqui ontem a associação política e liberal chamada "União Abolicionista Federal de Pernambuco" com 400 sócios para começar, todos eleitores nessa cidade. Pretendemos prosseguir na nossa agitação, embora o frio glacial das altas regiões tenha congelado alguns entusiasmos anteriores de assim chamados abolicionistas; mas a força do movimento abolicionista pode ser retemperada e esperamos tornar letra morta a lei da compra dos escravos pelos Estados acima do seu preço e da renovação da escravidão legal por mais quatorze anos.

A longa carta, dando notícia da sua derrota, foi escrita na véspera de sua partida para o Rio.

Nabuco na Imprensa

Em 1882 Nabuco havia escrito a Allen que fora do Parlamento não era possível fazer nada de útil. Falando depois no Recife, Nabuco dizia que, depois da Câmara, parecia-lhe faltar ressonância a todas as tribunas, porque só as palavras ditas no Parlamento ecoavam pelo país.

Mas enganava-se e veio a mudar de opinião. Numa carta sua, apenas trazendo o dia da semana, como era muito do seu hábito, Nabuco escreve a Allen sob uma impressão diferente quanto à necessidade de pertencer ao Parlamento:

O ano passado não estive no Parlamento, mas na imprensa diária, escrevendo nas colunas de O Paiz. *Provavelmente fiz mais pela causa do que poderia ter feito como Deputado. De fato foi através da imprensa que forçamos o gabinete conservador a aprovar a lei abolindo os açoites. Se tivéssemos Juízes e se as leis sobre a escravidão fossem uma realidade, isso, na prática, iria quase acabar com a escravidão, um pouco pelo método que o senhor uma vez me sugeriu de fazê-lo, como se fez na Índia. Não sendo lícito açoitar escravos, não sei como os senhores poderão fazer valer os seus direitos sobre eles.*

Apesar de afastado do Parlamento, Nabuco continuou a sua campanha pela abolição.

Em 18 de abril de 1886, diz a Allen que está escrevendo uma série de panfletos, dos quais lhe manda os primeiros quatro, e que seus amigos estão procurando levantar o dinheiro necessário para um jornal diário, mas que ele não sabe se serão bem sucedidos.

Se eu desesperar de poder começá-lo, poderei ser forçado a voltar à Inglaterra para ganhar lá a minha vida, como os donos de escravos, boicotando-me aqui, me obrigaram a fazer em 1881, mas nesse momento sinto que a minha saída do Brasil seria prejudicial à causa liberal e não somente à do abolicionismo; e farei o máximo que puder para ficar. Infelizmente, o modo de resolver o meu problema individual juntamente com o social é muito difícil. Se eu começar um novo jornal, pedirei ao senhor que tenha a bondade de me enviar de vez em quando alguma informação.

Carta ao *Times*

Nessa ocasião, um abolicionista inglês, Goldwin Smith, publicou na *MacMillans Magazine* um estudo no qual se permite criticar o grande abolicionista americano W. L. Garrison, por ter sido contra a abolição indenizada e por ter procurado mobilizar a opinião pública inglesa contra a escravidão nos Estados Unidos. São críticas que aqui se faziam também contra Nabuco e ele se sente ferido até o coração. Já uma vez previra:

Deveremos ser atados ao pelourinho da calúnia pública, levantado para a defesa da sociedade defronte do mercado de escravos. Quando o mercado acabar, estejamos certos, acabará também o pelourinho.[*]

Nabuco escreveu então longa carta, que enviou a Allen, pedindo-lhe que a corrija para publicá-la no *Times*, ou, se não for aceita, em outro jornal.

Eu não apelaria desse modo para a sua bondade se esses dois pontos, apesar da sua importância com relação ao movimento abolicionista nos Estados Unidos, não envolvessem a liberdade de um milhão de escravos que vivem no Brasil e o patriotismo do partido que luta pela sua liberdade.

---

[*] Carolina Nabuco, obra citada, p.147.

Infelizmente a questão da escravidão não está morta por toda a parte do mundo e a história se repete quanto a ela com minuciosa fidelidade, os inimigos da instituição tendo sido obrigados e ainda tendo que se bater constantemente contra o mesmo espírito, as mesmas teorias e os mesmos preconceitos, de modo que tudo quanto se disser contra eles no passado resulta, na prática, em fortalecer as mãos dos atuais senhores de escravos, especialmente quando a acusação vem de homens como o Sr. Goldwin Smith, *que, mais do que ninguém, é eloqüente e indignado na denúncia da escravidão.*

Os dois pontos do seu artigo que considero prejudiciais ao nosso trabalho aqui são, primeiro, que ele admite o direito dos senhores de escravos a uma indenização como se fossem donos de uma propriedade, e, segundo, que ele critica os abolicionistas de Massachussets, *por terem procurado levantar a seu favor a opinião pública da* Inglaterra.

Quanto ao primeiro, se a indenização for um direito indiscutível do proprietário, o Estado *não tem o direito de abolir a escravidão, a não ser que esteja preparado para pagar o preço dos escravos.* Se *abolindo a escravidão sem indenização ele viola os dez mandamentos, não poderá fazê-lo, mas, se o* Estado *se convence que a escravidão é um crime, qual o caminho então a escolher?*

Num país pobre como o Brasil, *onde a escravidão arruinou o seu futuro, rebaixou o seu* Governo, *humilhou o seu povo, devastou as suas terras e que se acha onerado por uma dívida imensa, a indenização só poderia ser paga mediante novos empréstimos.*

Se nos convencermos que a escravidão é uma culpa moral e uma vergonha nacional, e se nos acharmos ao mesmo tempo incapazes de pagar pela sua extinção, sem arruinar o nosso crédito, furtar os nossos credores e, o que é talvez pior, tributar até à morte os pobres escravos para salvar os seus donos, será que o Sr. Goldwin Smith *acha que os dez mandamentos nos obrigam a continuar a prestar o nosso braço forte, o nosso* Exército *relutante, nossos magistrados e nosso parlamento, para manter o mercado de escravos, perseguir os que fogem e pro-*

teger com a nossa bandeira uma instituição que não consideramos nada mais do que o roubo, o deboche e o assassínio organizados?

Não acredito, senhor, que uma nação esteja moralmente obrigada a se arruinar para adquirir o direito de fazer cessar a prática de um crime, somente porque na sua ignorância e servilismo para com a casta dominante, ela não impediu que essa casta fizesse de seu crime um negócio.

Mesmo pondo de lado os pontos relativos à legalidade da escravidão, nos Estados Unidos, na Espanha ou no Brasil, seria facílimo mostrar que ela, além de envolver uma culpa moral, foi por toda a parte um contrabando de sangue humano. Pergunto apenas se uma nação que permitiu durante certo tempo que a opressão existisse sob o nome de instituição social está moralmente obrigada a pagar com a sua própria ruína pela sua extinção, deixando, se ela não estiver disposta a fazer o sacrifício, as vítimas da opressão indefinidamente nas mãos dos seus credores até que possa pagar a sua dívida?

Quanto ao segundo ponto, a história justificou os abolicionistas no apelo que fizeram à Inglaterra. O próprio Sr. Goldwin Smith não tomou parte numa agitação poderosa, que os liberais ingleses, sob a liderança de Mr. Cobden e de Mr. Bright, acharam necessário provocar na Inglaterra para neutralizar a simpatia que algumas das classes da sua comunidade dedicavam à escravidão americana? Não escreveu ele um livro cheio das centelhas do seu espírito para tornar a Inglaterra um aliado moral da União Americana? Os abolicionistas dos Estados Unidos parecem ter compreendido a força do apoio nas batalhas da escravidão que a simpatia inglesa haveria de ter, e talvez se eles não tivessem na ocasião procurado simpatizantes entre as forças que conduziam a Inglaterra, ou se tivessem conseguido conquistá-las todas, muita coisa poderia ter sido diferente, para melhor ou para pior, no curso da sua grande causa.

Mas deixando de lado a América do Norte, não é verdade que a vida política de qualquer país recebe uma constante contribuição, para a sua própria individualidade, da atividade mental e moral do mundo, que as idéias fazem volta ao mundo e que a civilização escorre por toda a parte, buscando o mesmo nível? Para apagar o espírito que mantém viva, digamos no Brasil, uma instituição como a escravidão, já morta nos países cujo progresso, cultura, entusiasmo e idéias influenciam o nosso crescimento social e que são, por assim dizer, os planaltos intelectuais, cujas águas correm para nós, precisamos expor, tanto quanto possível, aquela instituição condenada à influência do progresso estrangeiro e contrastar uma morte moral interna com vida moral externa.

Nenhum serviço poderia ter sido prestado à União Americana maior do que aquele que W. L. Garrison tentou lhe prestar, levantando na Inglaterra uma simpatia unânime pela causa dos abolicionistas e nós também, abolicionistas brasileiros, consideramos que nenhum serviço maior se pode prestar ao país do que ver o mundo inteiro condenar a escravidão como uma pirataria, porque a sua condenação pelo direito internacional encontrará eco no país, resgatando-a e libertando-a muito mais depressa que a nossa voz.

Também poderia mencionar que estrangeiros de todos os países possuem escravos no Brasil e que participando, assim, dos lucros e da sorte da escravidão, eles dão à nossa gente a impressão de que ela tem a sanção das suas respectivas nacionalidades.

Os abolicionistas americanos não foram loucos ao ponto de querer uma intervenção estrangeira de qualquer natureza. Desejavam apenas cortar os fios estrangeiros que direta ou indiretamente enriqueciam o interesse e o prestígio da escravidão, e atrair para o seu lado as influências morais estrangeiras que pesam na opinião americana e aquecem ou agitam os sentimentos nacionais. Se isto é falta de patriotismo, como Mr. Goldwin Smith dá a entender, então patriotismo é um sentimento estreito, atrasado e ciumento, que precisa ser grandemente melhorado antes de se tornar um elo de boa vontade, liberdade e justiça nas diversas nações do mundo.

Espero que o senhor me desculpe a extensão dessa resposta escrita com todo o respeito, que eu sempre senti por um professor de moral política como

Mr. Goldwin Smith. Mas é doloroso para mim ver as duas principais acusações feitas contra nós, no nosso país, primeiro a de que somos comunistas, porque não reconhecemos o direito do dono do escravo a uma indenização, e sustentamos que a escravidão é uma opressão injustificável para proveito próprio, ao qual o Estado não está obrigado a dar qualquer apoio, mas, pelo contrário, é obrigado a pôr-lhe fim imediatamente, e, em segundo lugar, à de que não somos amigos do nosso país porque pedimos a simpatia do mundo, lançadas em nossa face pelo escritor eloqüente, em cujas páginas vimos a escravidão denunciada como o mais nefasto e maior crime da história.

Quanto à falta de patriotismo, deixe-me fazer uma última pergunta: se não é mais patriótico denunciar os crimes da escravidão ao mundo, levando as classes dominantes e as instituições do governo à barra do tribunal da opinião pública e envergonhando-as com a opressão de que são cúmplices, do que permitir que estrangeiros continuem a ter como sua propriedade, para açoitar e humilhar, homens que serão amanhã, por força da lei, cidadãos brasileiros, eleitores brasileiros e soldados brasileiros?

Aí termina a carta, que Allen não conseguiu na ocasião fosse publicada no *Times*, porque no momento todas as atenções estavam voltadas, na Inglaterra, para a questão irlandesa. Mas o *Reporter* a publicou e Nabuco recebeu aplausos inclusive do próprio Garrison, que lhe escreveu de Nova Iorque agradecendo o artigo.

O Êxito

Merecido

Um dos maiores êxitos de Nabuco na campanha abolicionista foi ter conseguido vencer nas urnas, nas eleições de setembro de 1887, o Ministro do Império Machado Portella.

O assunto, entretanto, não ocupa grande parte da correspondência entre ele e Allen.

Em 16 de setembro, logo depois da vitória, no dia seguinte, para ser exato, Nabuco escreve a Allen:

Fui eleito ontem, aqui, por 1.407 votos contra 1.270 dados ao ministro do Império, ou seja, por uma maioria de 137.

É uma imensa vitória para a nossa causa essa derrota do Governo na pessoa de um dos seus líderes. Comparado com a última eleição, tivemos um aumento de 659 votos. O direito de reunião foi suspenso, um meeting *foi dispersado pela cavalaria, um homem foi morto e vários feridos, a maior pressão foi exercida sobre os funcionários públicos, o suborno com o dinheiro público foi utilizado em grande escala e, mesmo assim, o resultado foi uma derrota esmagadora do Ministro. A nossa vitória constitui um novo início da nossa vida e um grande acontecimento na nossa história.*

Felicito aos amigos da abolição pelo nosso triunfo.

É impossível dar-lhe uma idéia do entusiasmo que este ato de independência e de abnegação do eleitorado de Pernambuco está criando no país.

Allen dá logo expansão à sua alegria mandando essa carta de Nabuco ao *Times*, que a publica no dia seguinte. E depois escreve a Nabuco pedindo desculpas por tê-lo feito sem autorização dele. A Sociedade Inglesa contra a Escravidão aprova uma moção de felicitações a Nabuco. Gladstone, o grande Ministro inglês em cuja casa Nabuco estivera na viagem anterior, escreve a Allen pedindo-lhe que o felicite pela sua eleição.

Era mais uma grande etapa vencida na marcha para a emancipação.

A Visita ao Papa

Em janeiro de 1888 começa uma colaboração importante de Nabuco e da *Anti-Slavery Society*. Nessa época ele concebera a idéia de pedir ao Papa[30] um pronunciamento condenando a escravidão. Assim, iria ele apelar, segundo disse, para o coração católico da Princesa Isabel e levá-la a conceder a almejada liberdade.

Na carta de 4 de janeiro de 1888, Allen remete a Nabuco em Paris uma carta do Cardeal inglês apresentando-o ao Papa.

Em 13 de janeiro escreve a Nabuco em Paris, lamentando não poder ir com ele a Roma e, em 17 de janeiro de 1888, agradece a Nabuco uma carta de 12 do mesmo mês, escrita de Roma, que, infelizmente, não foi encontrada entre aquelas que se acham na Universidade de Oxford.

Nessa carta Allen diz que tem grande satisfação em saber que o Secretário de Estado do Vaticano foi tão amável com Nabuco, "pois ele pode lhe auxiliar muito".

Depois dá uma de protestante, pois reclama do Papa ter canonizado Peter Clever e dois outros, sem mencionar o trabalho que Peter Clever havia feito contra a escravidão e dizendo que espera que

---

[30] Papa Leão XIII, pontífice entre 1878 e 1903.

Nabuco obtenha do Papa a promessa de publicar uma bula que influencie homens *vivos* e que os leve a libertar seus escravos. *Nisso haveria alguma coisa de tangível,* diz, *mas homens que estão mortos há 300 anos já saíram da esfera desse mundo e não posso conceber como possam ser alcançados por qualquer coisa que seja feita à sua memória por um homem que viva agora.*

Nessa ocasião, Nabuco se batia também pela publicação de uma nova carta que escrevera ao *Times*, e quer o apoio da Sociedade Anti-Escravagista para que ela se empenhe pela publicação. Allen acha melhor esperar antes de insistir, porque é possível que o *Reporter* ainda fosse publicá-la. Sugere que quando Nabuco volte a Londres, vindo de Roma, ele escreva uma carta ao redator do *Times*, dizendo que esteve em Roma e depois pedindo a devolução do manuscrito.

Nessa carta, como em outras, Allen dá notícias do papagaio que Nabuco lhe levara e diz que o *papagay* está passando muito bem e suportando otimamente o seu primeiro inverno na Inglaterra.

Em 23 de janeiro de 1888 Allen escreve a Nabuco: "Nada ainda no *Times*" e lhe transmite a sugestão de Mr. Sturge para que Nabuco consiga do correspondente do *Times* em Roma que mande uma notícia para o jornal sobre a missão dele junto ao Papa, e uma explicação do movimento de emancipação no Brasil por ocasião do Jubileu Papal, pois isso movimentaria as coisas na redação do *Times*. Diz que recebeu do *Foreign Office* para ler e devolver uma longa carta do cônsul inglês no Rio, datada de 12 de dezembro, na qual diz que a emancipação está progredindo a passos largos.

O Treze de Maio

Finalmente veio a Abolição em 13 de maio de 1888, data que é a nossa verdadeira festa trabalhista.

De Londres e de toda parte chegam a Nabuco aplausos calorosos. Allen lhe escreve em 16 de maio:

Agora mais nenhum país cristão tem escravos e a abominação fica para os muçulmanos e pagãos. Este é um grande progresso moral e religioso.

Aqui vão as felicitações minhas, de minha mulher e de minha família ao "Coração de Leão", que durante tanto tempo conduziu as "esperanças perdidas" do exército da liberdade e agora desfechou o relâmpago, que rompeu o último elo de ferro na corrente da escravidão. Viva! E Te Deum Laudamus.

Em anexo envia-lhe umas palavras de Whittier sobre o Imperador.

Coroado duas vezes pela bênção dos homens e a Graça de Deus, "Quem libertou um povo torna certo o lugar da sua estátua nos templos do Valhala".

A Sociedade Inglesa Contra a Escravidão encarrega Nabuco de entregar à Princesa Isabel um pergaminho contendo uma moção de aplausos e ele o faz, acompanhado de André Rebouças e Gusmão Lobo.

Agora, concluída a sua luta, Nabuco podia recordar-se do passado e pensar nas conseqüências do que havia feito. Na carta em que comunica a Allen a entrega do pergaminho à Princesa, Nabuco lhe diz:

Por estranho que pareça os donos de escravos têm se declarado em grande número adversários do trono e agora temos que enfrentar uma facção republicana considerável.

Foi um gesto muito ousado e corajoso o da Princesa, mas espero em Deus que ele não venha, por isso, a custar-lhe o trono.

"Cães de Escravos"

A campanha de Joaquim Nabuco foi feita sem tréguas e sem hesitações ou temores.

Quando o Exército colaborou na captura de sessenta escravos foragidos na Serra do Cubatão, foi ele acusado de ter dito que os soldados estavam servindo de cães de escravos. Um deputado levantou-se na Câmara para acusá-lo desse crime de quase lesa-majestade. Nabuco não teve dúvidas na resposta: *A nova exploração é que eu chamei de cães de escravos ao Exército Brasileiro, quando chamei de cães de escravos a todos os que se prestam a apanhar escravos fugidos, desde o Presidente do Conselho, que vai à frente da matilha, até o último soldado de polícia.**

Mas não pregava aos escravos que se revoltassem contra os senhores. Antes pelo contrário, mandava aos que fugiam e vinham lhe pedir socorro, que voltassem para os seus donos, como se vê na sua carta de 23 de outubro de 1881 a Allen, cujo trecho final é o seguinte:

O grande sofrimento da posição que tomei é de que nada posso fazer para auxiliar os pobres escravos que cada dia vêm me ver, acreditando estar em mim o poder de libertá-los, quando tudo que está ao meu alcance é devolvê-los às senzalas de onde vieram e à ira dos seus senhores.

---

* Carolina Nabuco, obra citada, p.231.

Não foi assim um disseminador de ódios de classes ou de infelicidade entre os escravos, que procurasse despertá-los à desgraça do seu estado, tirando-lhes as escamas dos olhos, que talvez os livravam de perceber a injustiça da sua condição.

Embora se acusasse Nabuco de ser comunista por ser contra a abolição remunerada, nunca se pôde dizer que fosse subversivo.

Uma das belezas do abolicionismo é que foi um movimento das classes dominantes a favor das serventes. Não foi uma decisão tomada sob pressão ou reclamação destas, quando não era mais possível agir de outro modo.

Nabuco lutava sempre dentro das normas legais e constitucionais e nem poderia ser outro o seu modo de proceder, provindo de uma família que sempre servira ao país com orgulho, seguindo, pode-se dizer, o lema do Príncipe de Gales: *Ish diem: Eu sirvo.*

Essa atitude de respeito à lei Nabuco a manteve, apesar de depurado uma vez e prejudicado em outras por processos eleitorais fraudulentos.

Nunca acreditou em revoluções. No *Estadista*[31] diz que a desgraça delas é a de que , sem os exaltados, não é possível fazê-las e, com eles, é impossível governar.

A 5 de junho de 1881, aos 31 anos de idade, quando ainda restam acesas muitas chamas de contestação da juventude, escreve a Allen:

A emancipação não pode ser feita através de uma revolução, que seria destruir tudo; ela só pode ser realizada através de uma maioria parlamentar, e é por isso que é tão importante para nós não nos tornarmos uma minoria ainda menor do que já somos.

---

[31] "Um estadista do Império", que Joaquim Nabuco publicou sobre seu pai, o senador Nabuco de Araújo, em 1896.

Não há, nos seus discursos, vislumbre de demagogia ou tentativa de seduzir o povo com promessas inviáveis. Falava com sinceridade absoluta e tinha por regra "não dizer nunca nada que não tivesse passado primeiro pelo coração", e essa foi sempre a chave triunfal do seu sucesso.

A Candidatura Vargas

A CANDIDATURA VARGAS[32]

[I]

PODE O SR. GETÚLIO VARGAS, depois de ter faltado ao juramento que prestou de defender a Constituição de 1934, ser admitido a prestar idêntico juramento com relação à de 1946, se porventura for eleito?

Sexta-feira, 20 de julho de 1934, às 14 horas, o sr. Getúlio Vargas compareceu ao Palácio Tiradentes, e perante a Assembléia Nacional Constituinte, prestou solenemente o compromisso exigido pelo artigo 53 da Constituição Federal que vinha de ser promulgada, assim concebido:

"Prometo manter e cumprir com lealdade a Constituição Federal, promover o bem-estar do Brasil, observar as suas leis, sustentar-lhe a união, a integridade e a independência".

---

[32] **N. dos E.** Em 1950, Getúlio Vargas lançou-se candidato à presidência da República, pelo Partido Trabalhista Brasileiro. José Thomaz Nabuco defendeu, então, a inelegibilidade do candidato, apontando sua condição de perjuro. Dezesseis anos antes, Vargas havia jurado cumprir a Constituição de 1934, apenas para renegar seu juramento e impor ao país, três anos mais tarde, a "Polaca", a Carta de 1937, que ele também não cumpriria, e governar o Brasil discricionariamente até sua deposição em outubro de 1945. A tese de Nabuco teve ampla repercussão na imprensa e nos meios políticos e jurídicos do país, mas acabou derrotada por um voto apenas, no Instituto dos Advogados.

A eleição popular de Vargas, naquele ano, abriria as portas para o suicídio do ex-ditador, em 1954, e para um longo período de instabilidade e tumulto institucional que só terminaria, a rigor, ao fim do regime militar, em 1985.

Em 10 de novembro de 1937, três anos, três meses e vinte e um dias depois, faltando apenas 5 meses e 23 dias para a terminação do seu mandato, o sr. Getúlio Vargas dissolveu a Câmara e o Senado, prendeu congressistas, postando força militar diante dos seus edifícios, a fim de que os representantes do povo não voltassem a se reunir, e proclamou uma nova Constituição, a qual deveria ser submetida a um plebiscito, que nunca realizou, passando a governar discricionariamente, enfeixando em suas mãos todos os poderes, inclusive o Judiciário, por meio de decretos-lei e leis constitucionais, que expedia a seu talante, até ser deposto pelo Exército, em nome da vontade popular.

Nessas condições, pergunta-se: caso seja eleito, alcançando a maioria dos sufrágios populares, pode o sr. Getúlio Vargas ser admitido a prestar novo e idêntico juramento ao que prestou em 1934, e que é exigido pelo artigo 83 , parágrafo único, da nossa atual Constituição?

Não, é a resposta que podemos dar sem hesitação.

A nossa Constituição Federal não encerra um sistema de domínio absoluto da vontade da maioria do eleitorado. Ela está sujeita a numerosos entraves, controles e contrapesos, a fim de que o regime não se transforme na ditadura da maioria do povo, ao sabor de suas inclinações, paixões ou ilusões do momento.

O sistema adotado em setembro de 1946 se destina a conduzir o povo brasileiro, durante longos anos, em um regime de felicidade, liberdade e prosperidade, ficando a vontade popular sujeita sempre aos imperativos superiores da própria Constituição.

Está ela, para esse fim, repleta de dispositivos que se impõem à vontade do eleitorado. Todo mecanismo de elaboração das leis cria empecilhos à manifestação desordenada da vontade da maioria. A Constituição só pode ser emendada em duas sessões sucessivas, salvo o caso de voto de 2/3 das representações do Congresso Nacional. Há princípios fundamentais quanto à divisão de poderes, quanto aos direitos individuais e quanto aos direitos políticos, que não podem ser alterados mediante simples maiorias ocasionais dentro das assembléias formadas pelos representantes do povo.

Entre os princípios constitucionais estão os que criam inelegibilidades, e em obediência a eles governadores de Estados já desistiram de suas candidaturas à Presidência da República, embora, em alguns casos, grandes fossem as suas possibilidades de conseguir a maioria dos votos populares.

Se o candidato desejado pela maioria do povo brasileiro fosse o sr. Milton Campos ou o sr. Ademar de Barros, e, a despeito dos impedimentos legais e constitucionais, numa manifestação de rebeldia às normas vigentes, a maioria do eleitorado consagrasse os seus nomes, poderiam eles ser reconhecidos como candidatos eleitos?

É claro que não, pois, como dissemos, a vontade do maior número não é a forma incontrolada por que somos governados.

A minoria também possui resguardado o direito de não ver eleito um candidato fora dos moldes constitucionais, e a própria felicidade da nação brasileira fica defendida contra os desvios ocasionais da inclinação do seu povo.

O compromisso presidencial não é uma simples formalidade sem fundo. Ele visa à defesa e ao resguardo do regime, no que ele tem de mais fundamental, e tem de ser prestado com candura, sinceridade e boa fé, de forma que convença que a faixa da autoridade do Chefe da nação esteja sendo entregue, com segurança e tranqüilidade, a quem só vá usar os inúmeros e quase invencíveis poderes da Presidência de uma maneira condizente com as instituições que deve defender.

A entrega dos poderes presidenciais não pode ser feita, pois, a quem declarada ou certamente irá empregá-los de forma contrária às instituições. Seria o sacrifício dos direitos da maioria e da nação, entregá-los sem consciencioso e pensado exame desse aspecto da situação.

Se Plínio Salgado ou Luís Carlos Prestes fossem eleitos presidentes da República, pelo voto da maioria do povo, não seria possível entregar-lhes o poder, pela certeza de que o desvirtuariam, destruindo as garantias asseguradas pela Constituição.

O que vimos dizendo encontra ilustração mais evidente nos casos em que há grande abstenção eleitoral ou em que há diversos candidatos e um deles logra ser eleito por maioria simples, somando os votos dos outros candidatos ou as abstenções mais do que os votos do eleito. Nesses casos, como na última eleição de São Paulo, o candidato escolhido representa a parte menor da vontade popular.

Quando todos os candidatos representam correntes democráticas ou condizentes com as instituições vigentes, não há maior inconveniente neste proceder. Mas, quando o majoritário encerra um perigo para as instituições, não é possível expor a nação toda a vicissitudes dessa natureza.

Por mais fortes razões não seria possível deferir o compromisso presidencial a quem, sobre ser contrário à nossa forma de governo, já deu prova plena de seu descaso pelo compromisso exigido pela Constituição.

Em face dos seus antecedentes, a cerimônia que se realizasse no Congresso Nacional, pela qual o sr. Getúlio Vargas jurasse obediência à nossa Carta atual, que não quis assinar, deixaria de ter os requisitos subjetivos necessários à sua validade.

Correio da Manhã, RJ, 15.06.1950

Defesa da Tese da inelegibilidade de Getúlio Vargas, lida no Instituto dos Advogados em 22.06.1950

Senhor Presidente,

Meus colegas.

Está agitando o país um debate político em torno da elegibilidade do senhor Getúlio Vargas para presidente da República, em face da nossa Constituição. Esse debate encerra questões de direito constitucional, sobre as quais me parece que o Instituto deveria se pronunciar.

Embora o seu pronunciamento possa ter repercussões políticas, isso não é obstáculo ao nosso exame da matéria jurídica.

Não é de hoje que esta venerável casa tem-se manifestado sobre assuntos do dia, no ponto em que eles penetram na esfera do direito, e os nossos estatutos só nos impedem de tratar de assuntos que sejam *exclusivamente* políticos.

Na campanha que levou à queda da ditadura em 1945, teve esta casa secular parte destacada na formação da opinião pública, apontando ao país o caminho do direito, em várias ocasiões.

E agora, quando muitos vislumbram a possibilidade de regresso do país ao regime então abolido, devemos manter a mesma atitude esclarecedora, opinando sobre os problemas de monta, sem eiva de paixão partidária.

O problema da elegibilidade do ex-ditador tem suscitado opiniões diversas entre os juristas.

Já tive ocasião de tornar públicas minhas impressões sobre a matéria, e agora me permitirei abordá-la sucintamente, a fim de focalizar a importância dos problemas jurídicos, que, a seguir, resumirei na indicação que pretendo apresentar. Mencionarei, também, as objeções mais importantes que têm chegado ao meu conhecimento.

Parto, inicialmente, do preâmbulo da nossa Constituição que diz:

Nós, os representantes do povo brasileiro, reunidos sob a proteção de Deus em Assembléia Constituinte para organizar um regime democrático, decretamos e promulgamos a seguinte Constituição dos Estados Unidos do Brasil.

Esse preâmbulo revela a finalidade e o espírito da Constituição, que é assegurar um regime democrático ao país. Tudo quanto for contrário a esse regime, será contrário à Constituição. A eleição e a condução ao governo de adversários do regime, que não se sintam constrangidos pelo compromisso de fidelidade que a Carta Magna lhes exige, parecem-me contrárias a esse espírito e a essa finalidade, e a isso me apego como base fundamental do meu pensamento e do meu raciocínio.

Os que me contestam neste particular afirmam que é um princípio tranqüilo em direito constitucional que inelegibilidades hão de ser expressas, porque constituem restrição a direitos, e ninguém pode ser obrigado a fazer ou deixar de fazer alguma coisa senão em virtude da lei.

Raciocinando dessa maneira chega-se, muitas vezes, a uma conclusão artificial, pois se subordina a verdade jurídica às formas, aos preceitos e às regras através das quais se está habituado a raciocinar e a discutir. Por valiosos e necessários que sejam os aforismos e os preceitos jurídicos, precisam eles sempre de um certo corretivo, para não levarem, às vezes, a conclusões falsas e irreais. O jurista tem a mesma necessidade de retificar as suas conclusões, resultantes da aplicação dos preceitos, quanto o economista de dosar as suas estatísticas ou o agrimensor de retificar os erros dos seus cálculos e instrumentos a fim de fechar o polígono que procura traçar. Sempre que a aplicação severa das normas jurídicas afastar-se do que pareça justo e razoável, carece ela de acerto. Estas idéias estão expressas no conceito *summum jus summa injuria* e em outras máximas, reveladoras da necessidade do equilíbrio na aplicação das regras.

A meu ver nada poderia haver de mais contrário à democracia do que a entrega do poder a um líder totalitário ou a um ditador impenitente; e sempre que o raciocínio jurídico, seja qual for o caminho que seguir, chegasse à conclusão de que o contrário seria conforme ao direito, teria chegado a uma dessas conclusões carecedoras de corretivo.

Na Checoslováquia, o Partido Comunista, nas eleições de 1946, alcançou 38% dos votos, e ficou sendo o partido majoritário, pois os restantes ficaram divididos entre seis partidos diferentes. Em conseqüência dessa votação, entregaram-lhe, no ministério, os lugares de primeiro ministro, ministro do Interior, a que estava subordinada a polícia, e ministro das Informações. A posse desses cargos permitiu-lhe, em pouco tempo, vibrar golpes mortais na democracia, instituindo, depois, o regime atual do voto descoberto, que sempre assegura ao governo a quase unanimidade do eleitorado.

Como esta, já soçobraram, pelo mesmo processo, devido à imprevidência dos seus cidadãos, muitas outras democracias. Não vejo como um resultado desses, sejam quais forem os argumentos apresentados, possa ser considerado conforme ao direito e aos fins de uma Constituição democrática.

A democracia não pode ser usada para destruir a democracia, nem a liberdade para destruir a liberdade. Uma lei não pode ser interpretada de forma a anular os seus próprios efeitos e tal aconteceria se se concluísse que os dispositivos constitucionais expressos deveriam ser observados até o extremo do sacrifício total da própria Constituição.

Entretanto creio que, dentro do corpo da Constituição, encontramos preceitos que removem a dificuldade levantada pelos que exigem um dispositivo expresso cassando os direitos políticos dos candidatos em causa, ou declarando-os inelegíveis. Trata-se dos artigos 141 § 13 e 85 § único da Constituição Federal.

O primeiro proíbe o funcionamento de partidos políticos contrários à democracia. Se a Constituição proíbe o funcionamento de partidos contrários à democracia, proíbe a entrega do poder presidencial a quem for contrário à democracia, pois maior perigo representa para esta um adversário no poder do que um partido fora dele. A ação de um partido que visasse alterar a Constituição pelos meios que ela mesma encerra, poderia ser legítima, mas a de um cidadão que, no uso do poder presidencial, a modificasse pela força, não o seria.

O que o artigo 141 da Constituição proíbe ou assegura a indivíduos, estende-se, também, a coletividades. Embora, em seu início, ele se refira unicamente a pessoas residentes no Brasil, o que dá a idéia de que cuide unicamente de indivíduos, pois o conceito de residência não se aplica a entidades coletivas, a doutrina e a jurisprudência têm entendido que suas garantias, tais como o direito de propriedade a igualdade perante a lei e todas as demais estendem-se, também, às pessoas jurídicas. Inversamente, aquilo que o dito artigo proíbe ou retira a coletividades, tais como os partidos políticos, deve-se entender proibido ou retirado aos indivíduos, separadamente.

Se se chegasse à conclusão de que o artigo 141 § 13 só se aplica a partidos e não a indivíduos, então seria o caso de se cassar o registro também ao partido que indicasse um candidato adverso à democracia, porque a ação desse partido, praticando tal ato, se estaria tornando contrário a ela.

Mas, no caso vertente, com relação ao Partido Trabalhista Brasileiro, não há que cogitar disso, pois suas finalidades condizem com o regime democrático e ele possui em suas fileiras vários homens eminentes, cujo crédito político está intacto, e que poderiam, perfeitamente, candidatar-se à Presidência da República, com honra e satisfação para a nação.

Essa conclusão é lógica e se coaduna com a necessidade que têm as democracias, para sobreviver, de evitar a entrega do poder aos seus inimigos.

A Constituição, porém, não se satisfaz em proibir o funcionamento de partidos contrários à democracia. Ela exige, também do candidato, que preste compromisso de fidelidade à Constituição Federal.

O juramento é a forma pela qual os homens se obrigam em seu foro íntimo, na sua consciência, e na qual sempre depositaram muita confiança. O hábito de pedir juramento é universal, sempre existiu e é conhecido e usado desde os povos mais primitivos até os mais civilizados.

O juramento exige principalmente sinceridade da parte de quem o presta. Sem essa sinceridade ele seria uma farsa, e quem o prestasse, sem a intenção de cumpri-lo, praticaria, sem dúvida, uma fraude à lei. Não se admitem reservas mentais, malícias ou enganos, que constituiriam fraude à lei, que aparece quando a vontade das partes não corresponde à realidade do ato que estão praticando.

Fraus omnia corrumpit — a fraude tudo corrompe, e todo ato em que ela ocorre será nulo e sem valor. O direito tem horror à fraude, como a natureza tem horror ao vácuo, numa frase corrente entre juristas. Em todo lugar onde ela ocorre, sempre invalida, sempre destrói, sempre corrompe.

Aos que objetam que essa tese é excessivamente subjetiva, respondo que o direito constantemente penetra nas razões subjetivas do indivíduo, embora não seja possível comprovar, com certeza absoluta, o estado de ânimo de um indivíduo. O direito penal leva sempre em conta a intenção do agente, para decidir da criminalidade, e o dolo e a culpa são, igualmente, conceitos subjetivos, ainda de grande aplicação no campo jurídico.

Lícito será portanto ao juiz perquirir da vontade de quem presta o juramento e sempre que se convencer, pelos meios que lhe assistem, para julgar da intenção das partes, que o jurando não tem a intenção de cumprir o compromisso que assume, poderá negar-lhe o direito de prestar esse compromisso.

No caso particular do ex-ditador, parece que não há lugar para se falar em fraude, pois ele honestamente declara, no discurso de aceitação de sua candidatura, que seu futuro será igual ao passado e portanto a ninguém ilude

Será isto matéria de fato, sobre a qual não carece pronunciar-se este Instituto, que cuida unicamente de doutrina, mas que terá de ser atendida pelos juízes, que decidem dos fatos e do direito?

No campo jurídico, porém, desejo assinalar que o nosso compromisso atual provém do antigo juramento da monarquia. Com a separação da Igreja do Estado, deixou-se de tomar Deus por testemunha neste ato, que passou a denominar-se compromisso, em vez de juramento. Mas são em substância a mesma coisa e regidos pelos mesmos princípios.

Ora, no direito antigo encontra-se a regra de que não podem ser admitidos a prestar juramento aqueles que já houverem violado outro anterior. É o que vejo no "Repertório das Ordenações e Leis do Reino de Portugal", publicado em Coimbra em 1857, vol. 3, página 135, em nota, e Santo Tomás de Aquino dá-nos a razão dessa regra, dizendo que não é possível deferir-lhes o juramento, "pois o seu passado estabelece a presunção de que não irão prestá-lo com religiosidade" (*Suma Teológica*). Na esfera do direito não se cuida de religiosidade hoje em dia, mas o princípio será o mesmo, substituindo-se a palavra "religiosidade" pela palavra "sinceridade".

Por todos esses motivos, ouso crer que a candidatura do senhor Getúlio Vargas é contrária ao nosso direito constitucional vigente, mas, se tenho ou não razão, nas teses que aqui abordei, o Instituto o dirá e, em seguida a Justiça eleitoral, que constitui, em nosso regime constitucional, um verdadeiro poder moderador, na escolha dos candidatos. Pairando acima dos partidos, constituída por homens de elite, ela se destina a ser, na nossa República, o anteparo diante do qual se chocarão todas as investidas extremistas. O que urge, porém, é que o problema da elegibilidade dos adversários do regime fique resolvido tão depressa quanto possível, pelo respeito que nos merecem o trabalho e os votos dos seus correligionários. Se a conclusão que, em última instância, será dada pela Justiça, for no sentido de que eles são inelegíveis, poderão seus partidários concentrar esforços em outro candidato, do seu agrado. Se a conclusão for de que não ocorre a inelegibilidade, os seus adversários irão se acostumando à idéia da legitimidade de sua volta, se for eleito. De uma ou de outra forma, se estará preservando a paz e a supremacia da ordem jurídica, em nosso país, com a colaboração dessa venerável e secular casa.

Correio da Manhã, RJ, 23.06.1950

A candidatura Vargas

[2]

A DISPLICÊNCIA DOS PARTIDOS DEMOCRÁTICOS diante do perigo totalitário prenuncia o mal, quanto à sobrevivência da democracia.

A ilusão do povo democrata em torno dos homens que conduzem seus partidos é total e completa, porque o povo quer o triunfo da democracia e eles a vitória das suas candidaturas.

É natural que cada um deles, com a ambição e o desejo a lhes vendar os olhos, acredite seguramente na sua vitória e não veja na sua atitude um perigo para o regime. Mas a Nação, vigilante, não pode ser conduzida por essas ilusões, e deverá defender-se.

Nunca se viu, tão manifesta, a lição de Mosca, na sua teoria da classe dominante: as nações são sempre governadas por minorias, porque as maiorias, pelo seu próprio tamanho, não conseguem unir-se e organizar-se de modo a vencer.

Os dois grandes partidos que representam a opinião dominante acham-se separados irremediavelmente, tendo muito concorrido para isso a esperança que cada um nutria, e ainda nutre, de obter o apoio dos partidos populistas, seja na esfera federal, seja nos estados e municípios.

Cimentada a cisão das maiorias, o ditador apresentou a sua candidatura, fazendo um apelo para que elas se unissem, mas continuando a mantê-las separadas, em quase todos os Estados, fazendo pender o seu apoio para um ou outro lado, conforme seu interesse regional.

A situação de rivalidade dos partidos democráticos é hoje de tal ordem que eles se disputam a primazia no serviço ao ditador, seja impugnando a tese da sua inelegibilidade, seja combatendo o projeto Caiado de Godói, que visava evitar a hipótese de uma vitória totalitária, por maioria relativa.

O povo democrata, pelo menos, em sua boa-fé, está convencido que, aprovado esse projeto, os seus dois grandes partidos unirão suas legendas para derrotar a ditadura. Mas o curso dos acontecimentos e a atitude que esses partidos vêm tomando indica coisa diferente. Se os grandes partidos, no afã de não desagradar a Vargas, não conseguissem impedir a aprovação do projeto, não se uniriam depois dele, sendo mesmo admissível, em face de precedentes de alianças estaduais, que um deles fizesse chapa comum com o ditador.

A defesa da democracia, como já ficou demonstrado na Checoslováquia, na Alemanha e em outros países, não pode ficar dependente só do voto popular, e sábia foi a nossa Constituição criando para esse fim a Justiça Eleitoral.

Os que entendem que ela só tem funções meramente burocráticas, de verificar se o candidato preenche as condições de saber ler e escrever, ser brasileiro e ter mais de trinta e cinco anos, tiram-lhe essa grande finalidade, e não foi, evidentemente, para isso que a Constituição a criou e a cercou de todas as garantias, e que ela própria, no seu regimento interno, atribuiu aos seus juízes reunidos, e não a um só, o estudo e o registro de candidaturas presidenciais.

Estranham muitos que não possa ser Presidente quem pôde ser Senador, mas a razão é simples. A Constituição Federal exige juramento de fidelidade ao regime de quem quer ser Presidente, mas não de quem quer ser congressista.

Os congressistas prestam compromisso por simples disposição regimental, que cada Casa pode emendar ou dispensar à sua vontade. Mas para Presidente da República é a própria Constituição que não só o exige, como estabelece, palavra por palavra, o seu teor, não havendo poder algum, tirante uma reforma constitucional, que possa dispensá-lo, alterá-lo ou admitir-lhe condições ou reservas.

A razão da diferença é óbvia: os congressistas podem legislar, e mesmo alterar a Constituição, mas não detêm o poder de fato. O presidente, ao contrário, é o comandante em chefe das Forças Armadas, dispõe de seus comandos e ordena seus movimentos. Os ministros, que dirigem todos os ramos do governo, sob suas ordens, são escolhidos e substituídos à sua vontade.

Mister se fazia, pois, que a Constituição cercasse a investidura do Presidente em seu cargo de resguardos excepcionais, e nenhum caso pode ser mais grave do que o atual.

Já tendo exercido a ditadura por muitos anos, os que votarem no senhor Getúlio Vargas o farão porque se lembram do seu governo e desejam vê-lo reconduzido à posição que ocupou. A sua eleição será mais do que uma eleição para Presidente da República. Será um plebiscito sobre o movimento de 29 de outubro e a sua recondução ao poder absoluto.

Com grande força moral poderá ele, então, dissolver as Câmaras e governar só. Mas os dirigentes dos partidos políticos democráticos, de venda nos olhos, prestigiam a sua candidatura, em troca de apoio para a disputa de cargos que, se ele vencer, se dissiparão como o fumo e se defendem disso dizendo que não é justo alterar as regras do jogo no meio da partida, como se a Constituição não preexistisse a ela, e como se mais justo fosse terem eles de competir em poucos meses, e sem recursos, com um candidato que, durante tantos anos, gozou de propaganda constante, à custa dos cofres públicos.

Diário Carioca, RJ, 28.07.1950

Um curioso episódio forense

- no -

Brasil-Colônia

Um curioso episódio forense no Brasil-Colônia

Manuel Fernandes Nabuco, trisavô de Joaquim Nabuco, era médico, na Bahia, na segunda metade do século XVIII e princípios do século XIX.

Ocupava o posto de Cirurgião-Mor do 2º Regimento de Infantaria, tinha uma enfermaria na Santa Casa e era juiz Delegado da Junta do Proto-Medicato que fiscalizava o exercício da medicina em Portugal e nas suas Colônias.

Casou-se com dona Anna Maria Joaquina, filha de Antônio Araújo e Vasconcellos e era cunhado do desembargador Antônio Rodrigues Gaioso, do Tribunal da Relação do Rio de Janeiro.

Falecendo o desembargador Gaioso no Rio, em princípios de 1802, Dona Anna Maria Joaquina foi sua herdeira e Manuel Fernandes Nabuco mandou ao Rio seu filho, de igual nome, para recolher os bens do espólio.

Pouco depois do desembargador Gaioso, faleceu Dona Anna Maria Joaquina, e Manuel Fernandes Nabuco fez inventário dos bens do casal e partilha amigável com os filhos. Isso se deu aos 29 de abril de 1803, no cartório do escrivão Luiz de Vasconcellos da Silva Campelo, tabelião público do Judicial e Notas da Cidade de Salvador.

Em 1805, uma senhora residente em Lisboa, Marcelina Thereza de Santa Anna, viúva de Francisco Álvares Guerra, moveu uma ação contra Nabuco para cobrar-lhe a quantia de Rs 6:010$365, que o desembargador Gaioso teria recebido por conta de seu marido e entregue a Francisco José da Costa, para empregá-la em gêneros, e que Manuel Fernandes Nabuco Jr. arrecadara, quando esteve no Rio, com os demais bens do espólio.

Nabuco contestou a ação apesar da prova deficiente apresentada pela viúva Guerra; ele lhe faria a entrega da quantia correspondente à sua meação no inventário de sua mulher, mas, quanto à parte já distribuída aos filhos, ela deveria dirigir-se diretamente a eles.

Foi quanto bastou para que o advogado da viúva, Francisco Ferreira da Cruz, entrasse em juízo com uma petição extremamente insultuosa, dizendo que a exceção oferecida por Nabuco era "das mais vergonhosas e cheias de calúnia que a trapaça pode inventar" e que se podia "aplicar ao seu autor aquele adágio *que pudor non habet*".

Em seguida, agrediu o filho, Manuel Jr., que "não satisfeito... em receber unicamente a herança que tanto tem influído no seu baixo espírito que até o tem feito supor ser o que não é, nem há, cuidou de ensacar também os Rs. 6:010$365 do marido da Excepta". Depois volta-se novamente contra o pai que, "como só por mero dolo podia assim praticar, não se pode agora valer dele, porque jamais ninguém pode reportar-se cômodo da sua malícia"... citando a frase latina "*Dolus et fraus debet patrocinari, convenit qui ex malicia sua commodum reportet*".

Em seguida fala nos "fins capciosos do Excipiente" e diz que Nabuco quer "que a Excepta ande de um a outro pólo em procura de seus filhos" e não queria "honrar as cinzas de um parente e parente tal que deixando-lhe uma pingue herança, o tirou do pó da miséria a que se achava reduzido, sendo-lhe até então necessário curar feridas nojentas e furar pustemas podres (profissão de pai e filho) para poderem manter um ordinário tratamento que se tem empolado vaidosa, e nesciamente com a herança do parente cuja probidade se não imita".

Eusébio José de Oliveira Braga, advogado de Nabuco, reclamou contra os termos usados por seu contendor, numa petição de uma página, de um só e longo período, no estilo da época, dizendo por seu cliente:

Sendo bem notória nesta cidade a honra do seu comportamento e a roda de filhos nobilitados que aumentam a estimação que tem merecido do público e das pessoas mais prudentes, circunspectas e de maior probidade, e não tendo dado motivo a ser ofendido e muito menos em uma justa e decente defesa, que por meio de uma jurídica exceção tem feito em uma causa de libelo que lhe propôs Marcelina Thereza de Santa Anna, viúva de Francisco Álvares Guerra, ou antes um seu pretextado procurador bastante, para cobrar do suplicante uma dívida a que não pode fazer prova suficiente, sendo contudo o Suplicante de ânimo tão pacífico que não fez apesar disso dúvida em confessar a parte da dívida pedida na meação que lhe tocou por óbito de sua mulher, herdeira do desembargador Antônio Rodrigues Gaioso, devedor originário, chega contudo a encontrar um libelo famoso, e uma sátira picante na impugnação da Suplicada assinada pelo advogado Francisco Ferreira da Cruz, com palavras as mais insultantes, dirigidas diretamente contra a pessoa do Suplicante, no corpo da dita impugnação, e não como rebuço de cotas, ou palavras enfáticas, mas sim expressões atacantes no ponto mais essencial à honra e reputação do Suplicante, ludibriando à sua pessoa e mofando dele contra a serenidade do Juízo, contra o respeito devido a V.Sa. como Presidente do mesmo Juízo, e contra a expressa lei do Reino que proíbe semelhantes cotas injuriosas e difamatórias...

Eusébio conclui a sua petição:

E porque semelhante modo de proceder é digno de uma punição severa, que faça recordar ao seu autor, a animosidade, e refrear a sua temeridade, tanto mais agravante, quando vai atacar, na pessoa do Suplicante, a muitas ou-

tras igualmente honradas, e ocupadas louvavelmente no serviço de Sua Alteza Real, pede a Vossa Senhoria se digne... mandar riscar as palavras sublinhadas e lhe dar, além disso, a mais condigna satisfação que Vossa Senhoria vir, pela sua notória prudência e retidão, se faz condigna à injúria feita ao Suplicante.

O juiz era o desembargador Ouvidor Geral do Cível e Corregedor Dr. Antônio Saraiva de Sampaio Coutinho, que proferiu o seguinte despacho:

São manifestamente insultantes e ofensivas as expressões de que se trata e sobremodo profanadoras do respeito que deve consagrar-se à gravidade do Juízo. Risquem-se e antes de assim o praticar o escrivão, as tirará por certidão que me fará presente e condeno o advogado que as ditou ou autorizou com a sua assinatura, pelo mau uso que fez das suas letras, em trinta mil-réis para as despesas da Relação e em dois meses de suspensão.

Francisco Ferreira da Cruz recorreu, dando procuração para representá-lo aos advogados Francisco Pires da França e Raymundo Pereira da Fonseca, e aos "requerentes" Gaspar Moreira da Fonseca, Domingos da Silva Lisboa e Francisco Luís Gabriel de Castro, agravou e Nabuco que não era fácil (como já mostrara quando o Governador Dom Rodrigo José de Menezes pressionou-o para soltar um escravo de Rosa Maria de São Miguel), e recorreu também.

Na sustentação de seu agravo, diz Eusébio:

Além da notória probidade e circunspecção do dito preclaríssimo Senador (referindo-se ao desembargador Saraiva) deve-se desculpar no agravante esse desafogo e recurso como próprios de quem vê ludibriada a sua estimação e malogrados em um rasgo de pena de maledicência as trabalhosas fadigas de sua longa série de quantos anos sacrificados ao Real Serviço com zelo tão distinto, que mereceu de Vossa Alteza Real por efeito de sua alta beneficência acabasse de inscrever ao Agravante no Catálogo dos Vassalos Beneméritos, honrado com uma patente assinada pelo seu Régio punho com a doação remuneratória de um dos ofícios do judicial da Vila da Cachoeira. Ninguém deve gloriar-se de si (assim é) mas... todo homem está obrigado a zelar pela própria honra, mostrar os seus privilégios e defender os seus direitos.

A herança adventícia — continua Eusébio — *já achou ao casal do Agravante e a sua família na decência e graduação de que hoje goza. Já um dos seus filhos se tinha honrado com a toga e feito no Governo de Pernambuco os relevantes serviços que Vossa Alteza Real foi servido premiar, conservando-o na Ordem Senatória do Supremo Tribunal de Justiça do Reino. Já outro tinha cedido em benefício do Régio Erário a considerável quantia de dezoito mil cruzados que lhe tocavam por seu sogro e tio, o Sargento-Mor Francisco da Cunha Araujo, e se achava casado com a filha dele, pessoas das mais distintas da Capitania e com brasões de foro e, por aquela cessão premiado com a insígnia da Ordem Eqüestre e nobilíssimo Ofício de Guarda-Mor da Relação. Já outro tinha militado na Índia e feito à Coroa os importantes serviços que lhe granjearam o posto de Capitão de Infantaria paga, para ser nesta cidade alistado nela logo que se recolhesse da Corte onde se acha. Já outro era religioso no mosteiro de São Bento e outro finalmente graduado pela Universidade de Coimbra.*

Merece destaque, pela sua eloquência, o seguinte trecho:

Os filhos honram os pais e os pais aos filhos, mas com esta diferença, que a nobreza dos pais se comunica aos filhos, mas a dos filhos, sem comunicar-se aos pais, os honra porque o emprego que se supõe em virtude certa foi efeito da boa educação, a um pai que soube, com o seu exemplo e com a doutrina, guiar os filhos pela mão e fazê-los entrar na carreira da honra, ser um bom cidadão e os desta qualidade devem achar nas leis e debaixo da proteção da magistratura um seguro porque se ter filhos será privilégio para atenção dos públicos, e mais ainda o ter filhos nobilitados, que na milícia togada e na armada firmam verdadeiro nome que arrogar-se com a justiça de vassalos fiéis.

Os processos não devem ser monumentos perpétuos de infâmia. Tudo está na decência e comedimento das palavras; refletir com quem e onde se fala. O Poder Judiciário é um dos cinco que compõe a Majestade: os magistrados são os vice-gerentes dessa parte da soberania. São pessoas sagradas pelo que representam pela virtude que se lhes supõem. Os Juízos são tribunais em que se administra a justiça debaixo da fé pública e do augusto nome de Vossa Alteza Real. O respeito mostra-se pelas palavras e pelos fatos. Quem é mordaz à face do Juízo, o primeiro a quem ofende é o magistrado que a ele preside. Quem empresta o seu nome para autenticar escritos alheios deve ler, e os que não querem ler, nem saber, não subscrevam.

A Lei de 18 de agosto de 1769 § 7 pune com gravíssimas penas uma infração semelhante e se não houvesse quem prodigalizasse subscrições, seriam mais coibidos os feitos. As demandas se multiplicam à proporção do caráter dos patronos e de nada vale uma Relação conspícua, nem a inteireza e retidão sabiamente administradas, se ficam sufocadas as decisões nas espincas dos obstáculos forenses, que a rabulice inventa.

E conclui:

O Agravante humildemente representa a vossa Alteza a sua injúria, e de seus filhos, ofendidos na pessoa do pai, e suplica a sua satisfação condigna e que, servindo de exemplo, seja capaz de refrear a maledicência e de sustentar a majestade do Juízo.

A Relação da Bahia, em 18 de julho de 1805, em acórdão unânime, que traz quatro assinaturas, Pinto, Dr. Teixeira, Dr. Araujo Tavares e Brito Queiroz, negou provimento ao agravo do advogado Cruz e deu, em poucas palavras, provimento ao Sr. Nabuco, condenando o primeiro, a *nunca mais advogar pelas mesmas razões que o dito juiz profere na sua sentença.*

Francisco Ferreira da Cruz, desesperado, recorreu diretamente ao Príncipe Regente em Lisboa, dizendo:

Se o caso não é o de morte civil de um vassalo, por que tirar-lhe a vida civil, privá-lo para sempre do exercício da sua Faculdade, de que depende a sua subsistência na sociedade?

Vossa Alteza Real, pelas suas altas virtudes, há de julgar que não, e que em vez de ser corretiva, aquela pena é cruel e inumana, satisfatória da vingança do réu. O suplicante sofre-a desde 6 de julho do corrente ano, contando já mais de quatro meses e gemendo debaixo de tanta afronta, tanto vexame, recorre e "pede a Vossa Alteza Real a especial graça de relevar a dita pena, havendo por expiada toda a culpa que se lhe possa argüir com a suspensão de cúria ordenando se for necessário que o conselho de Ultramar consulte para Vossa Alteza Real resolver com a justiça que constantemente pesa na balança desta.

Dom João, por alvará de 10 de maio de 1806, mandou que o Conselheiro Chanceler da Relação da Bahia, Francisco Antônio de Souza Silveira, informasse, com o seu parecer. Este o deu em 9 de agosto de 1806, dizendo:

Tendo-se em vista que sendo o Suplicante um mau advogado que estava pronto a assinar todo o insulto que qualquer outro queria fazer debaixo do seu nome, ainda que de nada sirva para o bom êxito da sua ação.

Isto não obstante, atendendo a ser o Suplicante um homem já muito idoso, sem meios alguns de sua subsistência, que ficou absolutamente privado do uso da advocacia e que com o castigo da suspensão que tem sofrido há mais de um ano terá mais cuidado de examinar os papéis que se lhe apresentem para assinar; me parece justo que Vossa alteza Real use com ele de sua inata Piedade, havendo-lhe por perdoada a suspensão desde o dia que se servir livrá-lo da mesma.

Finalmente, em 10 de dezembro de 1806, depois de ouvidos o desembargador Procurador da Fazenda e em seguida o desembargador Procurador da Cúria, foi mandado passar o perdão da suspensão.

Computando-se o tempo que há de ter levado para mais de ano e meio, passou suspenso do exercício da profissão Francisco Ferreira da Cruz, por abuso de linguagem.

A severidade da pena imposta condiz com a época, em que se puniam crimes com morte e açoites.

Hoje seria excessiva, mas assim mesmo é um exemplo para mostrar a necessidade do uso de linguagem cortês e desapaixonada na solução das questões forenses.[33]

Jornal do Brasil, RJ, 20.09.1975

[33] **N. do A.** Os elementos para este trabalho foram colhidos nos documentos n°s 30.132 e 30.133 do Arquivo Histórico e Ultramarino em Lisboa, através de microfilmes existentes no Instituto Joaquim Nabuco em Recife, e na fundação Rodrigo Mello Franco de Andrade, em Tiradentes. Os Anais da Biblioteca Nacional publicaram um inventário dos documentos mandado fazer por Manuel Cícero Peregrino da Silva, quando diretor da nossa Biblioteca Nacional.

A China

- de -

Mao

Impressões de viagem

A China de Mao

Impressões de Viagem

Pequim, quarta-feira, 17 de setembro de 1975 — três dias depois da chegada.

Este país vai flutuando na crista de um ideal. A prancha do seu *surf* corre na ponta da onda. Não há roubos, furtos ou crimes sexuais. A velha regra do Sexto Mandamento "Não pecar contra a castidade" — tão esquecida no Ocidente — vai sendo aplicada no seu maior rigor. O corretivo, quando acontece necessário, é feito no nível de Comitês Populares e com a maior severidade. Cabeças ainda rolam, decepadas pela espada. Acabaram com a prostituição. As mulheres que a ela se dedicavam foram reeducadas em outros afazeres. Não se pode pensar em dar gorjetas e todos restituem minuciosamente o troco, ofendendo-se com qualquer tentativa de deixá-lo em suas mãos. É o que os estrangeiros observam nos lugares que freqüentam. Anda-se pelas ruas de Pequim, de dia ou de noite, sem perigo de assalto. Não há mendicância. A pílula é distribuída gratuitamente às mulheres casadas, não às solteiras. Destas, como dos rapazes, espera-se abstenção. Por isso mesmo, os esportes físicos e a ginástica, que são um modo de dar vazão a energias reprimidas, são cultivadíssimos em todo o país. As embaixadas estrangeiras, quando querem sossegar algum funcionário não acostumado a essas restrições, dão-lhe um passe para visitar Hong-Kong.

Só existe divórcio por mútuo consentimento, e não durante a gravidez, ou no primeiro ano que se seguir ao nascimento, mas divórcios quase não há, porque só são permitidos depois que o casal tenha apresentado as suas queixas a um comitê do bairro, e que este comitê não tenha conseguido dissuadi-lo.

Conta-se nos meios diplomáticos que, há anos passados, uma senhora da embaixada francesa foi assaltada na rua por um chinês, morrendo de uma facada que recebeu. Preso, ele foi submetido a julgamento sumário do Comitê Popular e decapitado em praça pública. O embaixador, convidado para a cerimônia, não compareceu.

Uma velha, que ousou estender a mão à caridade, foi levada por três homens e desapareceu.

Qualquer falta cometida na presença de estrangeiros é considerada vergonha nacional. Os diplomatas e os correspondentes de jornais têm quantos criados quiserem, fornecidos pelo *Bureau*, mas pagam a este os seus serviços (cerca de Cr$ 500 por mês), o que é três vezes mais do que eles recebem do *Bureau*. Serviços avulsos podem ser obtidos nos hotéis e pagos a estes. Entre o chinês e o estrangeiro não passa dinheiro em pagamento de serviços. Há uma barreira completa.

As embaixadas podem se queixar ao *Bureau* do serviço prestado pelos empregados que recebem, mas não podem despedi-los. Se o fizerem não recebem outro, e se insistirem, recebem de volta o mesmo. Tudo o que se compra é fabricado no país. Os automóveis são de modelo antigo e acabamento modesto. Para os estrangeiros existe a Loja da Amizade, onde se vendem artigos usados no Ocidente.

Chineses só podem entrar na casa de um diplomata se este lhes der uma autorização por escrito. O entregador de mercadoria para na soleira do portão e não atravessa sem a licença. Houve um princípio de incêndio na cozinha de uma embaixada. A embaixatriz mandou a intérprete chamar os bombeiros e ela pediu uma ordem escrita. Estes, quando chegaram, detiveram-se no portão e só entraram depois de autorizados do mesmo modo. Essa obediência literal a regras mostra a severidade com que são punidos erros.

Há indústrias de objetos de arte, ainda feitos com a velha paciência e a minúcia chinesas, mas 95% de sua produção são para exportação. O tráfego é leve, mas usam a buzina mais do que em qualquer outro lugar.

O país produz petróleo para o seu consumo e já tem excedentes de exportação. No próprio palácio do antigo Imperador, na Cidade Proibida, há uma sonda instalada, mas, pelo que vi, está parada. A iluminação pública é pouca e a cidade muito dispersa, ocupando grandes áreas de casas baixas e ruas muito largas. A estrada de acesso ao aeroporto é o oposto da nossa Avenida Brasil. Um longo caminho por entre bosques e campos semeados.

Toda a gente anda vestida igual. Mao conseguiu esse milagre de fazer as mulheres se apresentarem todas do mesmo modo. Não usam pintura ou disfarce de qualquer espécie. A assistência médica e dentária não é gratuita, mas o pagamento é insignificante. Trabalha-se oito horas por dia, seis dias por semana. Não há férias, a não ser por motivo justificado, como o de morarem marido e mulher em cidades diferentes, quando têm 15 dias por ano. O turismo doméstico parece grande, a julgar pelas multidões que visitam a Cidade Proibida, e pelo número considerável que vai de ônibus à Muralha Chinesa e aos túmulos da dinastia Ming, a cerca de uma hora de Pequim. Os salários, dizem, variam dentro de uma escala de um a três, o que não impede que dirigentes do Partido morem em casas grandes, e que no avião em que viajamos de Paris a Pequim houvesse chineses na primeira classe e outros na turista.

Há táxis. Os carros oficiais andam com cortinas escuras, um tanto transparentes, que parecem crepe, para que não se veja quem vai dentro. Isso desmente um pouco a impressão que se tem de boas relações entre o Governo e o povo. Ou talvez seja só por acanhamento, como nossos funcionários públicos, que almejam ter placas comuns nos seus carros oficiais, ou, pelo menos, tê-las iguais às do Corpo Diplomático, para chamar menos atenção. Os táxis dão recibo das corridas. Não sei se o culto da verdade terá chegado às alturas que alcança na Inglaterra e nos Estados Unidos, mas achei todos exatos no que dizem e pontuais nos seus horários.

A gente é boa, hospitaleira e amiga.

O povo me parece pacífico e ocupado em desenvolver seu país, sem ambições a mais do que o vasto território que já possui e que lhe basta plenamente. Saí livre do receio do "perigo amarelo" de que se fala há mais de um século. A China pode ter alcançado uma distribuição mais igual da riqueza do que o Ocidente, mas não sei se o regime aqui é melhor do que o nosso. Estão longe de ter a mesma pujança econômica. E precisam fazer leis impedindo a emigração, desnecessárias entre nós. A Rússia justifica as suas dizendo que dá educação gratuita e não pode ficar no prejuízo. É um argumento que muito se assemelha à prisão por dívida.

O jantar no restaurante não se encomenda pelo *menu*. Pergunta-se se quer um jantar de 1 *yuen*, de 10 *yuens* ou de 50 *yuens*. E, segundo o preço que se dá, trazem a comida, à escolha deles, com menor ou maior variedade de pratos.

Os ovos são pequenos, como na Índia. Quase parecem de garnizé. Aqui ainda não chegaram os processos granjeiros dos Estados Unidos. Os patos são gordíssimos. Melhores dos que os da *Tour d'Argent*, em Paris. Verifiquei que são alimentados à força, despejando-se a comida pela garganta abaixo. Também têm quase mais gordura do que carne.

O comportamento nas ruas é exemplar. Não se vêem pares abraçados ou se beijando como no Ocidente. Nem mesmo andando de mãos dadas. O nosso grupo deve ter escandalizado os passantes, ontem, no Palácio de Inverno, pela troca de beijos, em público, quando nos cumprimentamos. Lembrei-me de meu pai, que não admitia qualquer demonstração de afeto em público, e do meu avô, que não queria que as filhas ficassem na janela com um dos irmãos, porque quem passasse podia não saber do parentesco. A quantidade de soldados que se vêem nas ruas é grande. Tem-se a impressão que resolvem o problema do desemprego pondo na tropa os excedentes das fábricas.

A cola dos selos de Correios, acabo de verificar, é muito superior à nossa.

Pequim, 17, à noite

Tivemos um jantar oferecido por um diretor do departamento de Turismo. Pato laqueado, daqueles engordados à força e de que tudo se come, exceto as penas, que são usadas para os ótimos travesseiros que temos no hotel. Depois dei uma volta a pé, andando por uma calçada larga, limpa, sem buracos e com pouca gente. Mas, bem na porta do hotel, havia vários ônibus estacionados na calçada...

De tarde, fomos recebidos por altas autoridades do ministério da Educação. Ouvimos uma longa, interessante e modesta exposição do que a China tem feito. Consideram-se ainda subdesenvolvidos. Fiquei surpreendido de ver um homem de responsabilidade repetir o que de outros menos graduados tenho ouvido aqui: que o perigo de guerra está mais próximo, que o seu grande vizinho do norte está realizando movimentos suspeitos. Não parece plausível que a Rússia queira atacar a China, se já está de posse das terras que a China pretende.

Alguém do nosso grupo disse que talvez se trate apenas do engodo que as ditaduras usam para induzir o povo a aceitar a continuação dos sacrifícios que exigem. Mas a verdade é que estão construindo abrigos antiaéreos por toda a parte. O da embaixada brasileira ocupa todo o subsolo.

A água que se bebe é fervida. A que sai das torneiras não tem cheiro de cloro.

Wusi, 21 de setembro, pelas 11 horas da manhã

Estamos em Wusi, a meio caminho entre Nanquim e Shangai, para onde iremos amanhã, e é domingo. Perguntei ao diretor de Turismo que nos recebeu se havia católicos em Wusi. Disse que havia alguns. Perguntei se havia missa. "Ah! missa, não".

Viemos de trem, numas três horas e meia. Vagões simples, forrados de madeira. Carro de primeira classe ou especial para hóspedes estrangeiros, com os bancos cobertos de capas brancas e renda branca. Leito da estrada excelente. É aquela velha regra de meu irmão Maurício[34]. Material ruim roda bem em leito bom e material bom roda mal em leito ruim. Essa gente aqui é inteligente, com espírito prático. Fomos anteontem, em Nanquim, a um balé. Nanquim é a sexta ou sétima cidade da China. Só tem 2 milhões e 400 mil habitantes. O Teatro era um pardieiro, mas os bancos largos, com bastante espaço entre uma

[34] Embaixador Maurício Nabuco.

fileira e outra, e ar condicionado. Os cenários lindos. O palco devia ser tecnicamente muito seguro e o espetáculo foi uma beleza. Tanto a dança, quanto a música, quase toda em harmonia ocidental. Só às vezes uns coros no tom que nos parece tão destoante. Em outros países fariam primeiro o que é mais fácil: um palácio de mármore para o teatro e depois é que se ia cuidar do espetáculo. Toda a peça, de uma pureza absoluta. Nem mesmo de amor se trata. São dois pastores, irmão e irmã, cuidando dos seus rebanhos e perseguidos por um homem mau que dispersava seus carneiros, tirando-os do aprisco no rigor do inverno. A menina, para salvar um, caído num precipício, perde uma bota, congela a perna e é salva pelo irmão. Tudo acaba bem. Na apoteose final não falta a estrela vermelha do Partido Comunista, maior do que todas as outras. Mas não nos obrigam a levantar e cantar *God Save Mao*.

A pureza de costumes me atrai mais do que qualquer coisa nesse país. Não havia vestígio de nudez ou de erotismo em toda a peça. Realmente, quando alguém tem de recorrer a isso para despertar interesse pelo seu trabalho, já dá prova de fraqueza artística. Ressalvada, é claro, a Ilha dos amores, dos *Lusíadas*, caso se possa considerá-la erótica. A honestidade em matéria de dinheiro também é incomparável e meticulosa. Lembro-me com desgosto do caixa de um hotel de Londres que procurou embrulhar-me numa conversão de dólares em libras e das jornaleiras dos Champs Elysées, que dão parte do troco e esperam para ver se a gente reclama o resto.

Em Nanquim, pela primeira vez, fiquei realmente com inveja deste país. Foi quando nos levaram para ver a grande ponte sobre o rio Yangtsé, ferroviária e rodoviária. Depois de subirmos de elevador a uma das torres e de nos darem uma longa explicação sobre como a Rússia havia contratado fornecer o aço necessário para depois rasgar o contrato (a todo propósito metem o pau na Rússia), levaram-nos por uma porta que dá para a estrada, para ver o trem passar. Este cruzou com outro, duas longas composições de carga e não havia um dormente que cedesse sobre o peso. O tráfego deve ser muito intenso, porque já tínhamos ouvido passar mais duas composições. Fiquei pensando no grande erro que cometemos abandonando as estradas de ferro e a navegação de cabotagem e só construindo as de rodagem, sem ter petróleo para movimentar caminhões. Chegam até Nanquim, pelo Yangtsé, navios de 10 mil toneladas.

Na viagem da véspera, de Pequim a Nanquim, voando num avião russo antigo, sem pressurização e, portanto, a uns 2 mil metros de altura, pude observar bem os campos e as planícies contínuas que se estendem de uma a outra cidade. Não vi quase caminhão, mas os trens eram constantes. Eles aqui não estão cometendo o erro de Hitler com as *autobahns* e o abandono das estradas de ferro, que foi uma das causas da sua derrota.

Uma ocasião em que nós brasileiros fomos práticos, pensando primeiro nas pistas e na segurança de vôo, para depois pensar em estações terminais, foi no Galeão. Mas, quantas vezes construímos hospitais sem ter material para aparelhá-los, ou compramos material sem ter médicos que o usem? E o mesmo fazemos na nossa pesquisa científica, esquecidos de que a primeira coisa é formar homens e só depois cuidar das instalações materiais.

De manhã, em Nanquim, visitamos o Jardim Zoológico — fomos ver os pandas. Mas o nosso grupo despertava mais curiosidade do que os pandas. Estes perdiam longe. Não sei se é só por sermos diferentes deles, ou se seria o cabelo comprido do meu neto Luiz Antônio[35] ou as saias ou decotes das moças do nosso grupo. O Jardim

[35] Luiz Antonio de Almeida Braga.

fica ao lado de um grande lago. Perguntei à nossa guia se tinha peixe no lago. Disse que sim. Perguntei se pescava. Disse que não, que a pesca individual é proibida, só a coletiva existe. O que não impede que eu tenha visto um chinês pescando no lago aqui do hotel, onde conseguiu uma sardinha.

A visita ontem à tarde à fazenda coletiva de criação de peixe foi interessantíssima. Chegamos na hora em que estavam puxando um arrastão. A rede ia de um lado do açude ao outro. Têm oito qualidades de peixe. Uns vivem no fundo, outros a meia profundidade, outros na superfície. Os peixes, à medida em que se vêem encurralados, começam a pular, e muitos conseguem passar para o outro lado da rede, salvando-se. Os pescadores vão pegando e jogando para dentro dos barcos os que já estão adultos e devolvendo ao lago os outros. O curioso é que conhecem o tamanho adulto de cada espécie. Às vezes devolviam um peixe que me parecia enorme, e de outras vezes, guardavam um que eu achava pequeno.

O diretor me disse que os pescadores aprendem a distinguir as espécies pela experiência. São, não um, mas muitos açudes ou tanques, de forma mais ou menos quadrada, com uma bomba no centro que joga água para cima para arejá-la. Além disso, vimos nessa mesma fazenda o cultivo de pérolas: uma mulher tirando de dentro de um molusco grande diversas pérolas e deixando outras que ainda não estavam bastante desenvolvidas. Devolviam depois a concha ao lago, amarrada a um barbante, para poder buscá-la mais tarde, quando fosse o tempo.

Perguntei ao chefe da Colônia o que faziam com os preguiçosos que não queriam trabalhar. Disse, como de costume, que não havia ninguém assim; que agora que a produção era coletiva, todos queriam produzir, mas concluiu: quem não trabalha não come.

Segundo a nossa guia, nesse país não há crimes, nem adultérios. Uma virtude tão perfeita parece impossível. Mas a falta de noticiário de crimes e a ausência de revistas, estampas e roupas eróticas deve contribuir para baixar muito o índice dessas ocorrências. Que contraste com os cartazes pornográficos dos cinemas dos *Champs-Elysées*, donde estou vindo!

A idade média dos casamentos é 27 anos para as mulheres e 28 anos para os homens. O aborto é permitido até os dois meses. O crescimento demográfico está em 0,8% por ano. Diz uma escritora francesa que viu mulheres solteiras comprando pílulas nas farmácias, donde concluiu que as solteiras também as recebem. Terá ela se demorado nas farmácias, lido rótulos em chinês, metido o nariz para ver o que estavam comprando e perguntado o estado civil das freguesas?

Não há aposentadoria. Os homens trabalham enquanto podem. Se, depois de velhos, não tiverem filhos que os sustentem, são recolhidos a asilos.

Ainda em Wusi

Ainda não tivemos um dia de chuva desde que chegamos. O de hoje está uma beleza. Seguimos daqui a pouco para Shangai.

Na China é proibido ter cachorro nas cidades. Por isso as calçadas são limpas.

No campo trabalha-se de chapéu de palha na cabeça, como ainda hoje pudemos ver do trem. Os campos são lindos, planícies cheias de água, todas plantadas. Muito arroz. Assim mesmo os cereais e os tecidos de algodão estão racionados. A população é muito limpa. Todos os homens de camisa branca, fina, de algodão. Roupa remendada, às vezes parecendo colcha de retalhos, mas nunca andrajosa.

Os automóveis buzinam muito, mas os pedestres também não lhes dão confiança. Os soldados têm porte pouco marcial e uniformes que parecem feitos em casa. Todos têm cara de recruta.

Ontem à tarde num passeio vi um casal moço, ele dando o braço a ela. Foi a primeira vez. Dizem que aqui em Shangai não há tanta severidade de costumes quanto no norte.

O próprio horário que se observa é de gente morigerada. Não há cortinas nas janelas e a gente acorda com as galinhas. Quis abaixar uma persiana antiga no meu quarto para não ter o sol portas a dentro às seis da manhã, mas ela despencou com estrondo, desprendendo-se do teto. Aqui no hotel da Paz, o maior da cidade, não há jantar depois das oito. Também não tem bar nem piscina e o ar condicionado, que houve, não funciona mais. Dizem que no Brasil a diferença entre o pobre e o rico vem aumentando. Não sei. Mas uma coisa é certa: antigamente uns e outros sofriam igualmente de calor. Hoje não. Os ricos têm ar condicionado e os pobres não. A iluminação pública em Shangai é pouca. Propusemos à nossa guia um passeio de automóvel pela cidade depois do jantar. Ela disse que não valia a pena porque não se podia ver quase nada. Eu gostaria de dar uma gorjeta ao camareiro velho que está me servindo muito bem. Acho uma crueldade não deixarem.

Em Wusi tivemos uma excelente galinha assada, preparada à moda ocidental por um cozinheiro que trabalhara no antigo setor francês de Shangai. Mas veio com o pescoço, a cabeça e até com os pés. Aqui não se desperdiça nada, nem mesmo dejetos humanos, que são aproveitados na agricultura.

❧ *Shangai, 23 de setembro*

Hoje fomos às lojas. Ilmar e Lydia[36] dizem que aqui há muito mais à venda do que no Gumm de Moscou. Aqui o Governo cuida mais do povo, lá da segurança nacional. Numa das lojas o Sérgio preferiu ficar no ônibus, à espera. A guia, responsável por nossa segurança, foi buscá-lo. Não soubemos por quê. Noutra loja, eu e outros do grupo, preferimos fazer o mesmo. Não se pode imaginar a quantidade de povo que juntou em volta para nos observar. Compreendemos então a preocupação da guia, que daí a pouco saiu da loja e veio dizer que o ônibus poderia levar-nos de volta ao hotel e voltar depois para buscar os outros. Aceitamos. Não sei se a gente oficial acha deprimente esse espetáculo de curiosidade e desocupação ou se é porque Shangai e Cantão não são tão seguros quanto Pequim.

Mas aqui não encontrei os avisos habituais nos hotéis do Ocidente: "O hotel tem cofres à disposição dos hóspedes". "O hotel não se responsabiliza por objetos que desaparecerem". "Pede-se fechar o ferrolho da porta à noite". Pelo contrário, diziam-nos que podíamos deixá-la aberta o dia todo. É o que se fazia, antigamente, a bordo dos nossos navios.

❧ *Shangai, 24 de setembro*

Visitamos uma das várias universidades de Shangai. Fomos recebidos como de costume num salão, em torno de uma mesa comprida, onde foi servido chá. O diretor fez, através de intérprete, uma exposição sobre a Universidade. Tem escola de química, línguas (inglês, russo, japonês, fran-

---

[36] Ilmar e Lydia Penna Marinho.

cês e alemão) e Escola Normal, para formar professores, que é a principal. Mas visitamos, sobretudo, a de química e a biblioteca. O diretor da Escola Normal é mais velho e fala bem inglês. É o único que domina uma língua estrangeira. A exposição do reitor incluía os mesmos elogios à Revolução (ainda usam esse nome, apesar de já decorrido o "curto espaço" de 26 anos), dizendo que antigamente os alunos estudavam com o objetivo de progredir individualmente, de sobrepujar os outros. Isso os colocava contra tudo e contra todos, até contra os próprios pais. Hoje, graças à orientação do Presidente Mao etc. Perguntei qual das línguas estrangeiras era a mais procurada. Disse o reitor que era o inglês, por ser a mais útil; que hoje quase ninguém queria aprender russo por causa do procedimento da Rússia para com a China, mas que não obstante a Universidade procurava obrigar os alunos a estudar russo, porque acha que o futuro reservava possibilidade de comércio com a Rússia.

Disseram (e mais de uma vez pedi para repetirem) que a biblioteca dessa Universidade tem 2 milhões 400 mil volumes. Custei a acreditar, porque isso a faria das maiores do mundo. E não vi nada, nem nos fichários, nem nos depósitos, que se parecesse com isso. Perguntei à diretora da biblioteca quanto tempo levava para um aluno receber um livro que pedisse e ela respondeu: um a dois minutos. Achei impossível e ela explicou que era por causa das esteiras rolantes para transportar os livros. De fato vi esteiras, compostas de tabuinhas. Na Biblioteca Nacional de Paris estão pedindo uma hora e no British Museum uma hora e meia. Os livros me pareceram muito bem cuidados. Sobretudo os antigos, guardados em estantes envidraçadas, apesar do clima úmido. Mostraram-me alguns de 200 anos atrás em ótimo estado, quase sem manchas de mofo. Não vi (nem perguntei) trabalho de laminação. Na Universidade (como por toda parte) retratos de Mao, numa parede e, na outra, os de Marx, Engels, Lenin e Stalin. Esse culto constante de Stalin deve irritar os russos.

Ontem à noite fomos ao cinema. Uma fita de propaganda política. Em cores, boa. Mas formato antigo, não em cinemascope. Era a história de dois irmãos, ele e ela filhos de colonos de uma fazenda, cujo administrador havia assassinado seus pais e ateado fogo à casa onde moravam, estando lá dentro a menina que naquele tempo tinha uns quatro anos e que foi salva heroicamente por um tio (aqui dão esse título aos mais velhos) que a escondeu. Os dois irmãos não se viram mais e só vieram a se encontrar já grandes, na guerra da libertação. Quando se identificaram não se abraçaram nem se beijaram. Exprimiram sua alegria segurando os braços um do outro. O administrador fazia parte do Exército de Chiang Kai-shek (havia de ser) e depois de marchas e vitórias heróicas dos exércitos vermelhos, quando preso, deparando com a menina e sabendo quem era, atirou-se no Yangtsé. As cenas de guerra são como as dos filmes ocidentais. Parecem destinar-se a condicionar o povo para uma guerra próxima, facilitando o recrutamento e criando entusiasmo.

Nesse país não vejo mapas, nem listas telefônicas. Será que, como na Rússia, consideram listas telefônicas coisa secreta, de defesa nacional?

Na porta do cinema já nos esperavam. Haviam reservado a primeira fila de balcão no centro. Na saída nos fizeram sair por uma porta especial. Maria do Carmo achou que se tratava de providência para a nossa segurança. De fato, a velocidade com que junta gente para ver estrangeiros é de assustar.

Hoje, aniversário de Lydia, tivemos um bolo no almoço. Não no jantar, porque estaremos voando (se o avião partir, porque há um tufão na costa da China). Depois do almoço fomos a um bairro característico, onde visitamos a ex-casa de um mandarim, velha de 400 anos. Um conjunto de pavilhões construídos no meio de jardins e pátios, tudo de uma beleza e de uma riqueza de imaginação incomparáveis. Fomos sempre bem acompanhados, para evitar aglomerações, e quando entrávamos numa loja, o povo tinha de ficar de fora.

Ontem não pude ir com os outros à Feira Industrial Permanente. Parece que é muito interessante. Na construção naval estão se limitando a navios de 10 mil toneladas. Estão fazendo tudo sozinhos, dispensando auxílio estrangeiro (exceto, é claro, o auxílio dos livros ou da M. W. Kellogg, que furou o poço de petróleo no Palácio Imperial de Pequim). Assim, sozinhos, levam mais tempo e, quando chegarem onde os outros estão hoje, estes já estarão muito mais adiante. Desse modo condenam a China a ser, perpetuamente, uma nação subdesenvolvida. Se não se incomodassem de repartir lucros com empresas privadas, nacionais ou estrangeiras, andariam mais depressa. O lucro sendo uma parcela tão pequena da produção, vindo depois de salários, matéria-prima, impostos e reinversões, não devia influir na decisão.

Cantão, 26 de setembro

Aqui chegamos ontem à noite, tendo vindo de Shangai em hora e meia num Trident inglês ótimo.

Perguntei à nossa guia Liu, que por sinal é um amor de gentileza, prestatividade, paciência e candura, se ela não tinha medo de andar de avião. Respondeu que não, que na China nunca tinha havido um acidente de avião, que os chineses eram muito cautelosos. Às vezes havia atrasos, mas era só. Respondi que as duas coisas, segurança e atraso, costumavam andar juntas, mas meu neto, malicioso, perguntou por Lin Piao.

Hoje de manhã fomos a Foshan visitar uma cerâmica, pouco interessante, e um antigo templo taoísta, chamado Templo Ancestral, hoje transformado em museu. É uma maravilha de imaginação, fantasia, variedade e execução como todas as coisas antigas deste país que sobrevivem aos séculos. Pilares de pedra, monólitos, trabalhados com madeiras encaixadas, sem uso de um prego, como faz todo marceneiro que se respeita. Pelo caminho cruzamos com um caminhão com tonéis cheios de água, que homens mexiam com uns paus. Perguntei o que era. Disseram-me que eram ovas ou larvas de peixe, que morreriam se não se mantivesse a água agitada e que se destinavam a açudes. Vendo todo esse maravilhoso cultivo de peixe, que dá proteína, e os campos plantados, aproveitando-se cada canto, fiquei pensando no que poderíamos fazer no Brasil para melhorar a alimentação de grande parte da nossa população, sobretudo do interior de Minas, no Nordeste e no Norte.

Nacionalizar bancos ou indústrias, como faz Portugal, não adianta. Assegurar preços mínimos ao produtor leva à inflação, porque o Governo emite para comprar o que sobra. Mas como transferir alimentos aos necessitados, se eles não têm com que pagá-los? Talvez se possa conseguir alguma coisa ensinando, irrigando e distribuindo adubos. Talvez, também, deslocando populações, oferecendo-lhes áreas mais favoráveis onde trabalhar, e prosseguindo nos esforços de colonização, o que em outras épocas foi feito com êxito no Rio Grande do Sul e em outras partes do país. Como meios educativos dispomos de rádio e de televisão. Aqui quase não se vêem antenas nas casas. Mas em Pequim, no hotel, vi uma televisão a cores, boa.

As latrinas, a não ser nos hotéis, são quase todas do tipo de quartel, de se ficar de cócoras. É preferível isso a que pisem nas tampas. O papel higiênico, onde há, é da melhor qualidade e o picotado não falha.

Aqui no Sul, em Shangai e Cantão, encontramos mais gente que fala língua estrangeira do que no Norte. Em Cantão os estrangeiros não despertam tanta curiosidade quanto em Shangai. Mas o nosso grupo acha que a gente do Sul não é tão cordial com estrangeiros quanto a do Norte. Será?

Há nuvens de bicicletas pelas ruas. Mas não se vê mais um *rickshaw* de aluguel. Os rios de Cantão estavam, antigamente, repletos de botes, onde morava gente. Isso desapareceu. Como das nossas favelas mais em evidência, os moradores foram removidos à força para casas construídas pelo Estado. Amanhã às 8h 20m seguimos para Hong-Kong de trem.

Cantão, 27 de setembro, um jantar esplêndido

Ontem tivemos um jantar esplêndido, de despedida, oferecido pelo diretor de Turismo de Cantão. Doze pratos, um depois do outro. Não sabia que vinham tantos, comi demais dos primeiros e depois me vi em dificuldade quando insistiam para que eu provasse mais esse ou aquele. O ambiente do restaurante era tipicamente chinês de outros tempos, com salas numerosas, separadas por tanques, repuxos, palmeiras, divisões vazadas etc. Achei uma beleza. Um garçom esplêndido, dos tempos antigos. Assinamos todos, inclusive ele, menus para dá-los uns aos outros como lembrança.

No jantar, o chefe do Departamento de Turismo fez uma saudação, na qual disse que havia apreciado muito a coragem, do Brasil e dos países da América Latina, na fixação do limite de 200 milhas às águas territoriais. O Ilmar respondeu, como sempre com muita circunspecção, graça e brilho, congratulando-se pelo apoio da China a essa nossa posição. Eu intervim para dizer que achávamos injusto pescadores russos e japoneses virem de tão longe pescar nas nossas costas, em vez de pescar nas deles, e o nosso anfitrião respondeu logo dizendo que os que causavam distúrbios eram os russos. Lydia, com muita esperteza, percebeu que ele falava russo, pelo modo porque havia pronunciado a palavra "automática" (authomatica) explicando que o elevador do hotel não tinha cabineiro. Puxando por ele, falando russo, conseguiu desmoronar a sua resistência.

Na sua saudação, ele falou na escravidão e na miséria em que vivia o povo chinês antes da "Libertação". Eu lhe disse que meu pai havia sido um dos líderes do movimento abolicionista no Brasil e que quando alguns opositores haviam querido substituir o trabalho escravo pelo de *coolies* chineses, ele havia falado contra no Parlamento e que o projeto não prosseguira.

No curso da conversa, no jantar, que foi animada, os intérpretes mal tiveram tempo de comer. Eu disse que o mundo caminhava sempre no sentido liberal. Que a própria escravidão nasceu de um sentimento de piedade. Quando se iam matar os vencidos alguém intervinha dizendo: "Por que não poupar-lhes a vida e fazê-los trabalhar para nós?" Que a regra de Talião, olho por olho, dente por dente, que hoje parece uma regra vingativa, nasceu, também, de um movimento liberal, no sentido de restringir as vinganças, porque, antes, se alguém furasse o seu olho você furaria os dois dele. Aristóteles dizia que quem não pagasse o mal com o mal tinha alma de escravo. Cristo foi o primeiro a ensinar o perdão. Eles (o anfitrião e o intérprete) disseram que compreendiam que se punissem os "malfeitores" (palavra muito usada pela nossa guia). E eu lhes respondi que na véspera havia lido uma frase de Mao, dizendo que se devia dar uma segunda chance a quem errasse. Omiti a conclusão do seu pensamento "desde que ele se mostre arrependido e disposto a entrar no caminho certo".

Disse também que no Brasil não éramos comunistas, que possuíamos 8 ½ milhões de quilômetros quadrados para 100 milhões de habitantes e que não havia falta de terra para quem quisesse; que havíamos realizado grandes projetos de colonização agrícola, no Sul do país, dando lotes, gratuitamente, a imigrantes e a brasileiros vindos de outro lugar. Não mencionei que isso foi há mais de cinqüenta anos, mas pensei no Vale do São Francisco, de que o Sérgio fala com tanto entusiasmo, e fiquei imaginando se esse Vale, colonizado e irrigado, não será a terra da promissão da nossa gente.

No trem, minha neta Kati[37] chamou atenção para uma entrevista no jornal *Ta Kung Pao* de 25 de setembro / 1º de outubro, com o professor Kuo Cheng-tang, bibliotecário da *East Asia Library* da Universidade de Pittsburgh, nos Estados Unidos, dizendo que a Biblioteca Pública de Pequim, com 900 funcionários, tinha mais de 9 milhões de volumes; que havia mais de 6 milhões 500 mil volumes na de Shangai, mais de 4 milhões na Biblioteca da Academia Chinesa de Ciências e mais de 3 milhões na Biblioteca da Universidade de Pequim. Será?

Hong-Kong, 27 de setembro. Uma chinesa muito simpática

Hoje almoçou conosco uma chinesa muito simpática, viúva de um antigo gerente-geral deste hotel, o Mandarim, Thereza Kwa. Disse que na China nunca se falou em sexo nas famílias. Agora com essa publicidade sobre pílulas, ela não sabe como é.

Na fronteira, quando nos despedimos, a Liu estava com lágrimas nos olhos. Seria de saudades nossas ou de tristeza por ver que podíamos ganhar o mundo largo, enquanto ela ficava presa no seu país? (Aliás, daqui do Brasil também não se sai sem visto de saída). Quero crer que eram saudades, como também as sentimos nós. Ela foi durante doze dias

[37] Maria do Carmo Nabuco de Almeida Braga.

de uma dedicação incomparável. "Liu, onde é o meu quarto?", "Liu, o que quer dizer isto?", "Liu, me arranja uma água mineral", "Liu, como é que eu peço ovos quentes?", "Liu, preciso telefonar para a Embaixada", etc. etc. Era um nunca acabar. Ela se levantava antes de todos, deitava-se depois de todos, estava sempre a postos, providenciando tudo, fazendo todos chegar à hora, o que não era fácil. E tudo isso, por uma remuneração mínima. Devia chocá-la o dinheiro que ela nos via gastar e desperdiçar, encomendando e não comendo ou pedindo lugares para espetáculos e não comparecendo.

Lembrou-me ela a cunhada do Fernando Lobo, mineira, irmã de caridade, servindo num leprosário em Farafangana, em Madagáscar. A última vez que esteve no Brasil, há uns três ou quatro anos, disse que nunca mais voltaria, porque o sacrifício de partir de novo era duro demais. Mas essa irmã de caridade tinha a seu favor a certeza de uma recompensa no céu, recompensa que a Liu, materialista, não espera.

É por isso que um regime como o chinês só pode se manter na base de um idealismo exaltado, que se revela não só na punição violenta da corrupção, na abnegação em matéria de conforto e dinheiro, na recusa de gorjetas e no rigor dos costumes. Realmente, o país corre na crista da onda de um ideal, que um dia se desfará em espuma, na orla da praia, caindo no natural, que não é a dissolução de costumes, mas a liberdade, a compreensão e a moderação.

Hong-Kong, 28 de setembro

Noventa e oito por cento da população desta colônia são chineses. Ontem perguntei ao ministro Ronald Small, nosso Cônsul-Geral, se não havia aqui algum movimento de libertação dos chineses orgulhosos da importância política que a China adquiria. Respondeu que não; que os chineses daqui conseguiam licença para visitar o continente e podiam verificar a diferença do nível da vida cá e lá.

Disse-me também que a Grande Muralha da China é a única obra humana visível da lua.

Almoçou conosco um inglês, membro da Câmara dos Lords. Fiquei surpreendido com a naturalidade com que ele disse que a Rússia devia atacar logo a China, porque esta já estava de posse de armas atômicas poderosas e mais tarde um ataque não seria possível. Disse que há planos militares prevendo que um exército chinês de 200 milhões de homens invada a pé o Oriente Médio, estimando-se que perca 20 milhões só na jornada. A fuga de dinheiro para os Estados Unidos, que está mantendo a taxa do dólar apesar da inflação americana, é fruto de desconfiança quanto à economia européia, mas pode também ser fruto de receios como os desse inglês. Na libra ninguém mais confia. Até mesmo Hong-Kong não conserva as suas reservas em libras.

Paris, 3 de outubro. China, a grandeza que entra pelos olhos

Adorei a viagem à China por muitas razões, mas acho que uma delas é que foi para mim, saudosista, uma espécie de volta ao passado. Nos hotéis onde me hospedei; nas viagens por estradas de ferro, em vez de avião ou ônibus; na roupa lavada a mão, entregue pela manhã e devolvida à tarde, muito bem passada; na gentileza do povo, pouco apressado. Não é aquele tropel de gente correndo, esbarrando e procurando passar uns na frente dos outros, que eu vira no Japão e que conhecia nos Estados Unidos, desde a minha mocidade. Na quantidade de gente no campo, trabalhando à mão, com instrumentos tradicionais e não com mecanização (mais de 60% dos chineses ainda vivem no campo). Na ausência de poluição industrial ou sonora (a não ser pela buzina dos automóveis que são poucos mas fazem grande estrépito). Na água fervida para beber. No "quem não trabalha não come" que é a reedição do princípio bíblico de que o homem viverá do suor do seu rosto. Mas foi, sobretudo, na moralidade rigorosa, sexual e financeira, no espírito prático e na modéstia com que falam e agem, que mais vi sua inquestionável grandeza.

Jornal do Brasil, RJ, 02.11.1975

Candinho
PORTINARI

- ou -

a floresta brasileira

Candinho Portinari

ou a floresta brasileira

Conheci Candinho Portinari[38] por volta dos anos 30, quando regressou da Europa, depois dos dois anos do estágio do prêmio de viagem que ganhara na Escola de Belas Artes.

Lá, tornou-se muito amigo do meu cunhado Caio[39] e, quando aqui chegou, já era pessoa da casa da família de minha mulher.

Lembro-me como logo me entusiasmei por ele e pelo seu trabalho e sua dedicação à carreira.

Contavam-me que veio para o Rio da pequena cidade de Brodósqui, em São Paulo, onde nascera, com a mesada tão curta que mal se agüentava. Morava numa pensão, num quarto muito barato, mas no qual tinha que se levantar todas as manhãs, lá pelas 6 horas, porque o quarto, na verdade, era a sala de banho da pensão.

Em 1933 minha mulher e minha cunhada Zaide[40] ganharam de presente, dados pelo Rudy Siqueira[41], dois lindos relicários antigos dourados, sem as relíquias que devem um dia ter ocupado o seu interior. Ambas queriam entronizar nas suas casas a imagem do Sagrado

---

[38] Candido Portinari (1903-1962), pintor modernista brasileiro.

[39] Caio Mello Franco (1895-1955), diplomata.

[40] Zaide de Mello Franco Chermont, casada com Jayme Sloan Chermont, diplomata brasileiro.

[41] Rodolfo Gonçalves de Siqueira, colecionador de antigüidades brasileiras.

Coração, devoção em grande destaque naquela época. Pediram ao Candinho que lhes pintasse imagens apropriadas, o que ele fez, com a finura com que se faz uma miniatura. O nosso, hoje, está instalado na sala de visitas e foi o primeiro presente que dele recebemos.

Nessa época, começava a crescer muito sua fama. Interessou-se muito por ele a embaixatriz da Itália, Madame Cantalupo, de quem ele fez um lindíssimo retrato, muito admirado na ocasião.

Quis que ele pintasse também o de minha mulher, mas os cobres eram curtos e eu não ousava pedir-lhe um favor dessa magnitude.

Afinal, em 1935, quando veio-me a possibilidade, ele pintou um quadro maravilhoso, em estilo pré-rafaelita, vestido vermelho sobre fundo azul, situando Maria do Carmo[42] dentro da sua cidade do Rio de Janeiro.

Lembro-me da modéstia com que me mostrou o retrato, perguntando se eu tinha alguma sugestão a fazer e eu, falando daquilo que não entendia, disse que achava a gola um pouco solta no pescoço e ele, para me atender, fez a emenda. Lembro-me do dia em que fomos jantar em sua casa, no fim da rua das Laranjeiras, onde lhe entreguei, ou melhor, entreguei a Maria, sua mulher, que era quem cuidava da parte material de subsistência do casal — João Candido não era nascido — o cheque de três contos de réis em pagamento do seu trabalho.

Um ano depois comprei uma velha casa no fim da rua São Clemente e comecei a reformá-la. Nessa ocasião Candinho estava muito interessado em pintura a têmpera e preparava os afrescos que fez no Ministério da Educação.

Lembro-me de lhe ter dito que, se fosse milionário, lhe pediria para pintar cenas com essa técnica na parede de nossa sala de jantar. Ele

---

[42] Maria do Carmo de Mello Franco Nabuco, mulher do autor.

respondeu: "Você não precisa ser milionário para isso, não. Eu vou lá, um dia, e faço". Imediatamente o pus em contato com o nosso arquiteto[43]. Os dois marcaram na parede, ainda em tijolo, o espaço que os estucadores deveriam deixar aberto para Cândido misturar suas tintas na massa fresca.

Ele perguntou à minha mulher qual seria o assunto de que gostaria e ela respondeu: "uma floresta brasileira". Passamos então a pensar nos bichos que ele faria aparecer nessa floresta, e levamo-lo à casa de meu sogro para que ele visse alguns dos muitos que lá havia, inclusive um cachorro grande e uma preguiça, além de várias aves do Amazonas. Depois fomos ao Jardim Zoológico uma ou duas vezes para ver o tamanduá-bandeira.

Mas nossa casa ficou pronta e Candinho não apareceu para as pinturas. Estava eu triste e desapontado quando soube que, em vez de fazê-las a fresco ele tinha resolvido fazê-las em tela, a óleo, porque alguém lhe repetira observação minha notando que aquela parede, com seus afrescos, um dia ficaria valendo mais do que a casa inteira; e ele, para não me pôr nessa situação embaraçosa, achou melhor fazê-los removíveis.

Daí a uns dias chegaram as lindas telas como um presente de inauguração da casa nova.

Logo depois demos um grande coquetel para a apresentação dos quadros, a que compareceram, entre outros, Manuel Bandeira, a pintora portuguesa Vieira da Silva, Di Cavalcanti e muita gente mais.

Em 1944 ele ainda pintou para mim os retratos de meus seis filhos (quatro homens e duas mulheres) que hoje circundam o retrato de sua mãe em nossa sala de visitas. Desta vez à razão de Cr$ 5,00 (antigos), cada um, metade do que estava cobrando a estranhos...

Nessa época seus trabalhos eram muito requisitados no

[43] Anton Floderer, austríaco, um dos arquitetos da biblioteca do Itamarati do Rio de Janeiro.

Rio de Janeiro. O número dos que fez foi muito grande e a sua arte impressionante, não só pelo desenho digno de Leonardo da Vinci (seus estudos de mãos e de pés são incomparáveis), como pelo modo de fazer surgir, claro, o caráter dominante de cada retratado. Um retrato que eu achava dos mais bonitos era o de uma moça italiana — Gioia Gaetani —, pintado em três quartos e que ela recusou porque Candinho havia deixado um lado da sua face menos aparente, fosco ou inacabado. Que arrependimento teria ela hoje se ainda vivesse e visse que este mesmo retrato está num dos museus da Europa.

Tão generoso era conosco que mesmo uns florões de madeira esculpida ele pintou para nós.

Assim continuou, pelos anos que restaram da sua frutuosa vida, a nossa estreita amizade. No meu quarto, por cima de minha mesa de cabeceira, tenho um desenho que ele me deu no meu aniversário, em 1940.

Nos seus últimos anos, passava dias dentro das quatro paredes do seu apartamento, no Leme, onde trabalhava sem descanso durante doze a quatorze horas diárias.

E assim concluiu sua vida com o maior dos sacrifícios que um homem pode dar à sua profissão, que é a de morrer por ela, pois isso foi, de fato, o que aconteceu com Candinho Portinari, envenenado pela aspiração constante das tintas que usava.

Restam-me agora as saudades dos jantares em sua casa, com as macarronadas preparadas por Maria, a quem nos une sempre grande amizade.

Da inteligência de Candinho não é preciso falar. Ninguém chega a uma tal supremacia nas artes, nos esportes ou em outra atividade qualquer, sem ter uma cabeça bem dotada. Lembro-me do dia em que o levei para ver quadros antigos que um cunhado meu herdara de seu pai. Mostrei-lhe um grande quadro de Andrea Del Sarto e perguntei-lhe:

"Você acha que é autêntico?" Ele olhou, refletiu e me disse: "Se é autêntico, eu não posso afirmar, mas é o melhor Andrea Del Sarto que já vi..."

Da bondade de Candinho e de sua generosidade, tampouco é preciso falar. Auxiliava constantemente seus pais e seus irmãos, tendo feito uma reforma na casa em que vieram a morar em Batatais, deixando nas paredes pinturas inesquecíveis.

Só as dádivas que fazia de suas obras mostram o quanto era desapegado do dinheiro.

E delas somos nós, minha mulher e eu, grandes devedores.

Rio de Janeiro, setembro de 1977

In *Portinari desenhista,* catálogo, MNBA/MASP, Rio de Janeiro 1977

No tempo

- dos -

Vice-Reis,

uma visita

- da -

esquadra inlgesa

No tempo dos Vice-Reis, uma visita da Esquadra Inglesa

Nesta hora feliz, em que o nosso Patrimônio Histórico recupera o Palácio dos Vice-Reis, do nosso bom Rei Dom João VI e de nossos Imperadores, não fica mal relembrar a visita que ao Rio de Janeiro fez uma esquadra inglesa no tempo do Vice-Rei Luiz de Vasconcellos.

A esquadra chegou no dia 3 de agosto de 1797 e aguardou fora da barra licença para entrar. Vinha carregada dos primeiros colonos que a Inglaterra mandava para a Austrália, para o território denominado Nova Gales. Iam os colonos levados à força, pois eram todos degredados, condenados por crimes praticados na Inglaterra.

A viagem foi, pode-se dizer, socialmente movimentada. As mulheres presas iam num compartimento separado, onde nenhum homem da tripulação podia penetrar. Um que se atreveu levou 100 açoites (só assim se podia impor bom comportamento a bordo), e outro que tentou fazer o mesmo, subornando um dos guardas, foi condenado a 300, mas depois perdoado em atenção aos seus bons antecedentes.

Os homens presos iam também muito animados nas suas atividades, preparando, com botões dos uniformes da tripulação, moedas que se parecessem com as inglesas, para com elas enganar os nossos pobres mercadores que se aproximassem da embarcação, a vender frutas e pássaros aqui da terra.

A autorização para a esquadra inglesa entrar no porto não demorou e ela cruzou a barra, no dia 6, saudando com 13 salvas de canhão, que foram respondidas pela Fortaleza de Santa Cruz.

Vinha comandada pelo Comodoro, Capitão Phillip, que já servira na Marinha de Guerra portuguesa e conhecia bem o Brasil. Logo no primeiro dia de fundeado, não quis ele descer à terra, pois o primeiro de seus deveres era uma visita de cerimônia ao Vice-Rei, para a qual precisava designação.

A visita realizou-se na manhã de quarta-feira, 8 de agosto de 1797. À hora aprazada, desembarcou o Comodoro acompanhado de uma comitiva de oficiais. Foi recebido no cais por um oficial da Casa do Vice-Rei e por um monge. Conduzido até o Paço, lá recebeu ao chegar as honras de estilo, sendo saudado de uma forma que hoje seria inadmissível. Ao passar pela Guarda, o pavilhão do Vice-Rei (*the colours*, diz o texto inglês) foi posto a seus pés, num gesto do maior respeito.

Ao entrar no Paço, subiram as escadarias até uma grande antecâmara, repleta de oficiais, soldados e criados. Aí foram os visitantes recebidos por oficiais da Casa Militar do Vice-Rei; minutos depois, abriu-se o reposteiro que dava para a sala do trono, sendo toda a comitiva apresentada ao Vice-Rei pelo Comodoro.

Terminada a cerimônia, após uma ligeira conversa, foram os visitantes levados a uma outra sala espaçosa, onde todos se sentaram. Nem essa sala, nem a primeira em que entraram, tinha quaisquer sinais de magnificência ou elegância. A sua simplicidade contrastava com a aparência exterior do palácio. O único mobiliário que havia na sala eram, além das cadeiras, seis mesas de jogo e dois quadros a óleo, um do Rei Dom Sebastião e outro da Rainha Dona Maria, então reinante. Aquele no centro da parede principal, este outro, no da lateral.

Luiz de Vasconcellos, um dos poucos Vice-Reis que tivemos sem título nem "dom", era então um homem de meia-idade, entre seus quarenta e cinqüenta anos, gordo e corpulento, apresentando um certo estrabismo ou defeito em ambos os olhos. Era um homem de poucas palavras, mas cortês e atencioso, embora suas maneiras, na opinião do cirurgião-mor da esquadra inglesa, John White, cuja narrativa estamos seguindo, não pudessem se comparar às do prendado (mas desconhecido) Marquês de Brancifort.

A esquadra inglesa demorou precisamente um mês, tempo máximo que, pelas suas instruções, podiam os Governadores de nossas Capitanias permitir que navios de guerra estrangeiros ficassem nos nossos portos.

A visita de cerimônia, que acima descrevemos, não foi a única que o Comodoro inglês fez a Luiz de Vasconcellos.

No dia 21 de agosto, aniversário do "Príncipe do Brasil", herdeiro do trono de Portugal, houve uma recepção no Paço, à qual compareceu com sua comitiva. Logo que desembarcou no cais, foi novamente recebido pelos mesmos oficial e frade que o acolheram da primeira vez, sendo conduzido à sala do trono. Lá estava o Vice-Rei de pé, debaixo de um baldaquim, recebendo os cumprimentos dos oficiais da guarda, dos principais moradores e dos estrangeiros que se encontravam na cidade.

Depois de apresentar os seus respeitos, todos se retiraram, exceto os Secretários de Estado, alguns oficiais civis e militares e os membros da Casa do Vice-Rei.

A reunião, nos diz White no Diário que nos deixou da viagem, foi brilhante, acrescentando, com razão, "se assim se pode dizer de uma festa onde não se veja uma única mulher". Os homens que compareceram estavam todos vestidos rica e elegantemente, especialmente os oficiais do exército e da milícia, e isto num estilo e modo que não fazia pouca honra ao seu gosto. O Vice-Rei vestia um paletó escarlate debruado por uma larga e rica renda de ouro. Trazia o cabelo no seu modo habitual de usá-lo, numa longa trança pouco polvilhada. A gente da terra, segundo observa White, não era muito parcimoniosa no uso dos artigos de toalete mas, pelo contrário, profusa no uso de pomadas.

Ainda outra visita fez o Comodoro ao Vice-Rei, no dia 1º de setembro, para apresentar as suas despedidas e agradecer as atenções que recebera, as quais, na opinião do nosso narrador, foram maiores do que as até então dispensadas a quaisquer outros estrangeiros.

Ao desembarcar para essa última visita, os mesmos oficial e frade que o receberam das outras vezes conduziram-no à sala do trono. Novamente o pavilhão foi deposto a seus pés. Todas as honras públicas e militares possíveis lhe foram tributadas em sinal de respeito, nunca dadas a ninguém, senão ao próprio Vice-Rei.

Quando chegaram ao palácio, um oficial da Casa conduziu-os através de uma encantadora passagem, cheia de gaiolas cujos passarinhos procuravam fazer concorrência uns aos outros, com a melodia do seu canto e a beleza da sua plumagem.

Esse lirismo é do autor do Diário, que prossegue: "A passagem que tomamos estava enfeitada, de cada lado, com flores perfumadas e arbustos aromáticos que, enquanto encantavam a vista, difundiam uma deliciosa fragrância. Essa passagem conduzia a uma sala particular onde fomos recebidos pelo Vice-Rei, que já nos esperava do lado de fora da porta. Estava sem chapéu e dirigiu-se separadamente e da forma mais amistosa possível a cada pessoa. Ele nos precedeu, levando-nos a outra sala e tendo nos pedido a todos que sentássemos, colocou-se ao lado do Comodoro, em frente a nós. Em resposta aos nossos agradecimentos, disse que tinha tido um prazer e uma satisfação imensas de saber que a cidade nos tinha dado todos os suprimentos de que precisávamos, acrescentando que as atenções dos moradores, que havíamos mencionado, ainda ficavam longe dos seus desejos. Afinal, nos levantamos e partimos, mas não sem que ele manifestasse o desejo de que o Comodoro lhe mandasse contar seu êxito no estabelecimento da nova colônia, concluindo por dizer que esperava, ou melhor, que estava seguro, pois conhecia a generosidade do caráter inglês, que aqueles que tão alegremente tinham se engajado no serviço real, incerto e cheio de surpresas como era, receberiam a justa recompensa que, indiscutivelmente, mereciam. A sala em que o Vice-Rei nos recebeu era aquela em que ele, habitualmente, se sentava em seus momentos de recolhimento. Estava mobiliada e pintada em estilo elegante e discreto. O forro pintado com reproduções bem executadas de todas as frutas tropicais e dos mais lindos pássaros do país. E às paredes estavam penduradas gravuras, principalmente de assuntos religiosos".

O Vice-Rei, diz nosso narrador, era homem de pouca ostentação, não sendo dado a pompas ou grandezas, exceto em cerimônias oficiais, quando não é possível dispensá-las. "Quando sai para se distrair, sua guarda consiste apenas de sete Dragões".

Durante a permanência no Rio, John White fez amizade com o cirurgião-mor do Exército, Ildefonso José da Costa, que estudara na Inglaterra e falava bem inglês. White só se refere a ele como "Mr. Il de Fonso", talvez por não ter ouvido o seu nome de família, devido ao nosso hábito de nos referirmos às pessoas pelo primeiro nome.

A amizade cresceu a ponto de "Mr. Il de Fonso" (na Inglaterra os cirurgiões não têm o título de "Dr.") permitir que White praticasse uma operação de amputação de perna, para demonstrar o novo método inglês de Allenson. White regozija-se porque, dezoito dias depois, quando a esquadra deixava o Rio, a ferida já estava quase cicatrizada, para grande alívio de "Mr. Il de Fonso" que lhe disse que se o homem tivesse morrido, ele teria sido gravemente censurado por torná-lo objeto de uma experiência. O sucesso, pensa White, acrescentou muito à estima do povo desta cidade do Rio de Janeiro pela cirurgia inglesa.

No dia 4 de setembro, deixou a esquadra inglesa a baía, sendo saudada pela fortaleza de Santa Cruz com 21 tiros, salva à qual o navio Capitânia, *Sirius*, respondeu.

Jornal do Brasil, RJ, 30.03.1982

Um exame

- de -

peculiaridades

- da -

Justiça Inglesa

Um exame de Peculiaridades da justiça inglesa

A Justiça é um dos maiores padrões da glória da Inglaterra. Sua fama atravessa os mares e lança exemplos por toda a parte.

Isso se deve, sem dúvida, às qualidades inerentes ao povo inglês e à excelência dos seus magistrados. Mas deve-se, também, a certas condições objetivas, que procuraremos examinar neste trabalho.

O Direito Inglês

O direito inglês não é escrito, como o nosso. É costumeiro e, seguindo o caminho do precedente, nasce da experiência dos tempos.

Não são os homens que fazem as leis, reunidos em Congresso. Elas brotam, espontaneamente, dos usos e costumes, que são colhidos pela jurisprudência e transformados em preceitos normativos.

Segue-se, assim, dia a dia, terra a terra, a evolução da vida, como ela se apresenta nos casos concretos, onde melhor se encontra a solução certa do que legislando em gabinetes ou assembléias, à luz de conceitos que podem não encerrar a verdade. A experiência é mais segura do que a inteligência, sobretudo quando esta age em abstrato, e o direito, assim feito, se ajusta à índole do povo, à sua vontade e às suas conveniências, como uma manifestação espontânea dos seus sentimentos.

As pesquisas para descobrir as regras remontam, por vezes, a séculos, invocando-se, como razão de decidir, acórdãos e sentenças quase milenares. O acúmulo de material onde encontrar soluções é, portanto, imenso, abrangendo toda a gama de casos que podem ocorrer na vida.

Uma vez declarado o direito e passada em julgado a sentença, todas as demais decisões judiciárias têm de afirmar, como lei, o mesmo princípio. O juiz fica obrigado não só pelas decisões dos tribunais superiores, mas pelas suas próprias e pelas dos seus colegas. É o princípio que chamam do *stare decisis*, "acompanhe os precedentes", ou "mantenha-se dentro do que já foi decidido".

Antes dos códigos, remontávamos nós aos romanos, para buscar a regra a aplicar num feito.

Hoje, como o nosso Código Civil revogou toda a legislação anterior, inclusive usos e costumes, estamos sem lei estabelecida para um sem número de situações.

A derrubada foi quase tão grande quanto a que fez a China, com o regime comunista, revogando todas as leis existentes no país, sem promulgar outras, e mandando que os juízes decidam de acordo apenas com os ensinamentos da doutrina marxista. Quando um magistrado, perdido no cipoal, recorre a uma norma antiga, para resolver um problema, é punido pelos seus superiores.

Lendo os nossos autores antigos, ficamos admirados com a facilidade com que nos apresentam soluções seguras para uma infinidade de casos, que os nossos Códigos atuais não resolvem. Naquele tempo não havia que discutir o acerto ou não de um costume. Hoje os autores se perdem em debate de teses, apresentando muitas vezes soluções próprias, como mais acertadas do que aquelas que se encontram nos julgados.

Poucas vezes tem sido o espírito humano vítima de tão grande engano, quanto esse, de se procurar encerrar em textos curtos, em códigos de um só volume, tudo quanto o saber e a experiência dos homens têm podido adotar, como regras de convivência, para solução de suas divergências.

Não era possível condensar, nos 3000 artigos do Código Civil francês, os dez volumes de Pothier, que não bastavam para conter todo o direito civil francês, nem muito menos por, nos 1800 artigos do nosso Código, o que se encerrava nas ordenações, alvarás, leis, decretos, resoluções, usos e costumes, que ele revogou e que, até 1917, encerravam o acervo do nosso saber jurídico.

Por uma estranha inversão do necessário, quando a matéria se torna mais difícil, o número de artigos do Código se restringe, deixando o jurista ao desamparo. Os atos ilícitos, que representam, talvez, um terço dos casos que vêm a julgamento, ocupam apenas dois artigos da parte geral do nosso Código Civil e 14 da Parte Especial. No Código francês ainda é mais restrito o tratamento.

Dentro desse vazio e desse abandono, os tribunais são forçados a criar toda a sorte de doutrinas com que justificar suas decisões, doutrinas muitas vezes antagônicas, como a da culpa e a do risco, na primeira exigindo-se que o causador do dano tenha agido mal, na segunda responsabilizando-o, embora inocente ou mesmo merecedor dos maiores louvores pela sua atuação.

Situações onde não se sabe qual é a regra, porque os tribunais, ao sabor de opiniões pessoais, decidem ora de uma forma ora de outra, não existem na Inglaterra. Dificilmente se encontraria lá um caso em que cinco ou seis jurisconsultos dessem parecer num sentido e outros tantos no outro, como não é raro acontecer entre nós.

Quem fizesse, há uns anos atrás, um apanhado da jurisprudência brasileira, sobre a necessidade da transferência efetiva do penhor mercantil às mãos do credor, verificaria que cerca de metade das decisões dos nossos tribunais davam pela necessidade dessa tradição, e outra metade aceitava a tradição ficta ou mesmo, apenas, pela cláusula *constituti*.

Esse exemplo, como outros que seria possível catalogar, mostra que não existe entre nós, muitas vezes, uma regra de direito estabelecida, que dê aos contratantes segurança do que lhes há de acontecer, se houver um dissídio judicial.

Na Inglaterra, entretanto, a certeza quanto ao direito dá aos entendimentos uma estabilidade e uma segurança que contribuem muito para acelerar o ritmo dos negócios e o enriquecimento do país.

Tornando previsível a solução que terá o dissídio, ela diminui o número de casos que se apresentam a julgar. Ninguém se aventura a um pleito "porque talvez ganhe", "se tiver sorte na composição de uma Câmara". A distribuição, para uma ou para outra, passa a ser irrelevante e os dissídios de jurisprudência deixam de dar lugar a recursos intermináveis.

As decisões erradas podem ser corrigidas, em apelação, mas, quando se chega à última instância, que é a Câmara dos Lordes, o precedente tem de ser seguido, mesmo que errado, o que já levou alguém a perguntar qual era a vantagem da fixação no erro.

O fato é que a humanidade melhor se acomoda a uma norma injusta, mas previsível, do que à falta de regra. Contra o preceito mau, há precauções possíveis. Contra o que vem de surpresa, não há qualquer defesa.

A rigidez do *stare decisis* se atenua através de distinções, que a imaginação sugere, entre o caso presente ao juiz e outro anterior, que o constrange.

Por meio dessas distinções se criam novas normas, para preencher possíveis lacunas, e é através delas que se faz a evolução do direito, para atender a situações conhecidas, mas que se apresentem sob outra luz.

Reconhecida a força compulsória do costume, poucas vezes se faz necessária a promulgação de leis escritas. Essas, quando antecedem ao costume são, em geral, precipitadas, e, por vezes, ineficazes.

Entretanto, ocasiões há em que o Parlamento se põe em campo e exerce seu poder de legislar. A interpretação dessas leis, porém, não fica, por muito tempo ao livre sabor da magistratura. Os casos concretos se apresentam e, uma vez resolvidos, as sentenças criam precedentes obrigatórios, levantando, em torno da lei nova, uma construção tão rígida quanto a que se eleva em torno dos costumes.

Apesar das acusações de que o *stare decisis* estratifica o direito, impedindo a sua evolução, o que a história nos mostra é um progresso mais rápido nas Ilhas Britânicas do que nos países de direito escrito.

Mais rápido e mais tranqüilo. O que na França se conquistou através de revolução sangrenta, na Inglaterra se obteve por etapas sucessivas. O direito escrito é um dique, que represa os costumes, e as suas águas, quando o rompem, provocam estragos, que a sedimentação lenta não conhece.

A Eqüidade

A rigidez do *stare decisis* encontrou, também, lenitivo nos tribunais de eqüidade.

Desde os primórdios do cristianismo na Inglaterra, certamente desde o século doze, os que não encontravam solução para as injustiças que sofriam, diante da imutabilidade do direito, dirigiam-se ao Rei, apelando para a sua consciência. E esta, para que ele pudesse viver em paz, encarnava-se no seu conselheiro máximo, o *Lord Chancellor*, que tomava conhecimento das reclamações e decidia-as de acordo com os princípios da eqüidade, onde o *summum jus*, a que se apegavam, obrigatoriamente, os tribunais, gerava a *summa injuria*.

Foi esta a origem dos tribunais de eqüidade que, ao lado dos tribunais de direito puro, viveram até fins do século passado, quando houve a fusão, passando os últimos a ter, também, jurisdição de eqüidade.

Um dos institutos mais destacados do direito inglês, que devemos aos tribunais de eqüidade, foi o dos trustes (no bom sentido, não no sentido do monopólio) pelo qual uma pessoa, depositando confiança em outra, confia-lhe um bem, estipulando encargos quanto ao uso que lhe deva dar.

No século XVI, Henrique VIII, achando que os mosteiros estavam se enriquecendo demais com legados e que, sendo perpétuos, tornar-se-iam donos de toda a ilha, baixou a lei de *mort main* (mão morta) pela qual eram nulos novos legados a ordens religiosas.

Os que, não obstante, insistiam em fazê-los aos mosteiros, passaram a respeitar a letra da lei, deixando os bens a terceiros, mas impondo a estes a obrigação de empregá-los em benefício do mosteiro de sua predileção.

Essas cláusulas, que não poderiam subsistir diante dos tribunais normais, tinham, porém, sua validade reconhecida pelos do *Lord Chancellor*, consumando-se assim, com a sanção do Estado, o que era, sem dúvida, uma fraude à lei, mas uma fraude que merecia acatamento, porque a lei fraudada não se coadunava com os sentimentos religiosos e o respeito devido à vontade dos mortos.

Esse segundo ramo do direito ficou, também, estratificado, pela necessidade de obedecer aos precedentes. Os juízes que o administram não têm a faculdade de se deixar levar por noções próprias do que seja eqüitativo. Mas o campo do direito ficou grandemente alargado pelo que poderíamos chamar de a absorção da ética pelo direito. E a possibilidade de distinguir entre um caso e outro anterior tem bastado para permitir que ambos os ramos do campo jurídico acompanhem, lado a lado, a evolução do sentimento nacional.

A Conquista da Liberdade

A Magna Carta, arrancada pela nobreza inglesa a João Sem Terra, em 1215, antecede de quase dois séculos à Batalha de Aljubarrota (1385), onde os cavaleiros portugueses traziam, em suas lanças, o pendão com que proclamavam a sua liberdade.

Foi ela que firmou os direitos dos fidalgos saxões contra os invasores normandos, assegurando-lhes a garantia de que ninguém poderia ser *outlawed* (posto fora da proteção do direito) senão em virtude de lei.

A Magna Carta deixou abandonados os antigos vilões ou escravos da terra, que só foram libertados pela evolução dos costumes, sem que, até hoje, exista nos tombos ingleses uma lei que tenha abolido a *vilanagem* ou declarado libertos os escravos.

Macauley, apesar de imbuído de preconceitos contra o papado, atribui o desaparecimento da servidão humana ao trabalho sacerdotal.

"Quando o senhor de escravos, moribundo, pedia os últimos sacramentos, seus assessores espirituais costumavam concitá-lo, pelo bem de sua alma, a emancipar seus irmãos, por quem Cristo morrera. Tão grande êxito teve a Igreja, com o seu formidável aparelhamento, que, antes da Reforma, ela já havia conseguido libertar quase todos os escravos do Reino, exceto os seus, que, para lhe fazer justiça, parecem ter sido tratados em branda bondade". (*História da Inglaterra,* cap. I).

Da Magna Carta para cá, nem por um só momento cessou a luta inglesa pelos direitos fundamentais do homem, dependendo sempre da magistratura a sua garantia. Em 1346 foi introduzido no juramento da investidura dos juízes o compromisso de agir sempre na forma da lei, ainda que recebessem ordens do soberano em outro sentido.

Em 1640, se estatuiu que nem Sua Majestade, nem seu Conselho Privado tinham poder para dispor dos bens dos seus vassalos, cujas causas seriam sempre decididas perante tribunais ordinários, sob o *império da lei.*

O *Bill of Rights* de 1689, que é a declaração inglesa dos direitos fundamentais do homem, reafirma que não tem fundamento o pretenso direito real de suspender ou dispensar o cumprimento da lei.

Essa declaração inglesa antecede de um século às *Tables des Droits de l'Homme* da Convenção Nacional francesa, que são de 1793, sendo de notar que estas se devem, em grande parte, a Lafayette, cujo espírito liberal voltou fortalecido dos Estados Unidos, que a Inglaterra imbuíra de suas idéias.

Quando os agentes do Rei, em França, ainda encarceravam os seus súditos e invadiam-lhes as casas, nas suas missões fiscais ou de devassa, já o primeiro Pitt, o velho, o Earl of Chatham, em meados do século XVIII, lançava, na Câmara dos Comuns, o seu desafio:

O homem, por mais pobre que seja, pode, na sua choupana, desafiar as forças da Coroa. A casa pode ser frágil e sacudir ao vento. Seu telhado fender-se e a tempestade invadi-la, molhando as goteiras o seu chão. Mas o Rei da Inglaterra nela não pode penetrar. Toda sua força se detém diante dos umbrais da herdade arruinada.

Essa resistência assim tão forte às devassas na vida, que ainda hoje se espalha na nossa Constituição, vai perdendo o seu vigor. Os agentes fiscais entram nas casas, examinam livros e arquivos, relacionam bens, apuram rendas e despesas, e nada respeitam, por mais íntimo que seja.

A própria justiça inglesa não protege mais quem queira se opor às inquirições do imposto de renda e de outros organismos estaduais.

Aquilo que se negava, como odioso e tirânico ao poder real, hoje se concede ao poder emanado da maioria do povo. O pêndulo da história volta a caminhar contra a liberdade.

Mas, nesse reacionarismo, que tinge o mundo, sem que ele mesmo se aperceba das águas em que flutua, a justiça inglesa até agora não se deixou viciar pelo nacionalismo. Esse sentimento, que tanto envenena os países menos desenvolvidos, não atinge a Inglaterra, que trata com a mais perfeita igualdade nacionais e estrangeiros. Não há, para estes, um peso morto a vencer, oriundo de suspeitas e complexos, nem se sentem em posição de desvantagem, ao postular os seus direitos.

Também ricos e pobres, poderosos e fracos, são tratados do mesmo modo, em todos os níveis da justiça. O menos categorizado de seus agentes, um simples policial, ousa admoestar, sem receio da condição da pessoa a quem se dirige. E todos o acatam com o mesmo respeito, vendo nele a própria justiça, num país em que esta é modelar.

As Garantias do Judiciário

Em 1700 o *Act of Settlement* dispôs que os juízes, em vez de serem demissíveis *bene placito* (*ad nutum*) como eram, continuariam nos seus cargos enquanto bem servissem *quamdi se bene gesserint*, só podendo ser afastados pela Coroa mediante representação de ambas as Casas do Parlamento.

A irredutibilidade de seus vencimentos, enquanto servissem, veio em 1761, numa lei de George I. Assim, em meados do século 18, já se havia assegurado à justiça as suas duas garantias fundamentais, que são a vitaliciedade e a irredutibilidade de sua remuneração. (Diga-se, de passagem, quanto à irredutibilidade, que a inflação, entre nós, a anula, obrigando os juízes a depender constantemente do Congresso e do Governo, para o devido acerto dos seus vencimentos).

A essas garantias, aliou-se boa remuneração, sendo os juízes ingleses, com exceção, talvez, dos americanos, os mais bem remunerados do mundo. Os nove *Lords of Appeal in Ordinary* ganham £ 9.000 (nove mil libras) por ano. Os onze *Lord Justices*, do Tribunal de Apelação da Inglaterra (propriamente dita) e do País de Gales, £ 8.000 (oito mil libras). A mesma coisa ganham os 52 juízes de primeira instância de Londres. Os 77 juízes dos Condados fazem jus a £ 4.400 (quatro mil e quatrocentas libras). Um Ministro do Supremo dos Estados Unidos, que é o país mais rico do mundo, ganha $32,500 (trinta e dois mil e quinhentos dólares), por ano, não muito mais do que o seu correspondente inglês. E um juiz de primeira instância em Londres, percebendo £ 8.000 (oito mil libras), recebe o mesmo que um juiz federal americano, cujo salário é de $ 22,500 (vinte e dois mil e quinhentos dólares). O orçamento britânico para o exercício de 1° de abril de 1963 a 31 de março de 1964 consigna, para a Justiça da Grã-Bretanha e Irlanda do Norte, uma dotação total de £ 15.288.069, ou seja, mais do que Cr$ 45 bilhões.*

Outra prova do cuidado da Inglaterra para com a sua Justiça é não exigir que os juízes de um Tribunal Coletivo votem a descoberto. O sigilo dilui a responsabilidade e os mais fracos se agasalham na manifestação dos mais fortes. O acórdão sai como peça inteiriça, representando a opinião do tribunal e não como colcha de retalhos, como ocorre entre nós, quando ele se refere a notas taquigráficas, que, pela diversidade de motivações, não permitem descobrir qual a norma jurídica que prevaleceu.

A proibição de votos vencidos (que só ocorrem na Câmara dos Lordes) contribui, também, para o maior prestígio das decisões judi-

* **N. dos E.** Esses números referem-se a dados da época em que foi escrito este texto. Pode-se observar que o autor atribui à libra inglesa o valor de quase três dólares americanos, para não falar do cruzeiro, desaparecido há tempos.

ciais, não se divulgando as hesitações e incertezas que possam ter existido no encaminho da conclusão. O exercício de humildade que isso impõe aos que divergem, de permitir que passe, como sua, uma conclusão que julgam injusta e errada, eleva, na mesma medida, o respeito que alcança a sentença.

A proibição da discussão pela imprensa, ou de outra forma pública, das questões que estejam *sub judice*, também contribui para a excelência dos julgamentos, pois iguala os meios de persuasão das partes, não permitindo ao postulante rico publicações que o pobre não possa acompanhar. Sobretudo, evita a pressão sobre os juízes, que o receio de uma campanha pela imprensa possa exercer.

Muito menos do que publicações seriam toleradas as coações fortes e assustadoras, dos comícios às portas dos tribunais, onde os interessados e seus partidários ameacem greves, protestos e violências, se a decisão não for do seu agrado.

Na Inglaterra constitui crime de *desprezo* pelo Tribunal (*Contempt of Court*), punido a critério do juiz, "qualquer ato praticado ou publicação feita, destinado a trazer desprestígio a um juiz ou diminuir sua autoridade" (...) "ou que crie prevenção contra alguém antes do julgamento" (...) "ou se destine a obstruir ou alterar a distribuição da justiça ou a marcha do processo perante o tribunal" (*Encyclopaedia of the Laws of England*, verbete *Contempt of Court*).

Trabalho Judiciário

O trabalho judiciário na Inglaterra se facilita pela brevidade dos processos, pela oralidade dos debates e pela restrição dos recursos.

As contravenções e alguns delitos civis são resolvidos por juízes de paz, cujo trabalho é uma contribuição cívica não remunerada.

Quatro vezes por ano os juízes de paz de cada Condado se reúnem e, reunidos, têm competência para julgar crimes, com exceção dos de traição, homicídio e outros graves, inclusive os punidos com prisão perpétua.

Para esses casos maiores há (na Inglaterra e no País de Gales) oito tribunais de circuito, sendo o circuito viajado pelos juízes do *High Court* de Londres, que presidem a julgamentos nas principais cidades do país. Os julgamentos realizam-se em quatro períodos diferentes, que são conhecidos por designações eclesiásticas. O primeiro, de Santo Hilário, vai de 11 de janeiro a 28 de abril; o segundo, da Páscoa, de 1° de maio a 8 de junho; o terceiro, da Santíssima Trindade, de 19 de junho a 31 de julho e o último, *Michaelmas* (de São Miguel), de 1 de outubro a 21 de dezembro.

Para o julgamento das questões cíveis, a Inglaterra (fora de Londres) acha-se dividida em setenta e sete *County Courts*, realizando assentadas de julgamento pelo menos uma vez por mês. Salvo certas exceções, essas Varas têm a alçada de £ 400 (quatrocentas libras).

Em Londres a administração da Justiça cabe a um tribunal, de primeira instância, denominado *High Court of Justice*, dividido em três Câmaras de igual competência (embora de nomes historicamente diferentes: a Bancada da Rainha (ou do Rei, conforme quem estiver no trono), a Divisão de Chancelaria e a Divisão de Espólios, Divórcios e Almirantado. A mistura das questões de direito marítimo com as de família originou-se, apenas, da conveniência de igualar o serviço das três Câmaras, não tendo outra explicação mais profunda ou melhor.

Esse *High Court of Justice*, além de julgar em primeira instância, funciona como tribunal de apelação, em casos vindos dos Condados.

O Tribunal de Apelação conhece dos recursos dos julgamentos de primeira instância no *High Court of Justice* e ainda funciona como Corte de Cassação nos recursos vindos dos Condados sobre questões de direito.

Para crimes cometidos na cidade e no alto-mar, existe ainda, em Londres, um tribunal denominado *The Old Bailey*, (O Velho Cárcere) do qual cabe recurso para o Tribunal de Recursos Criminais, que também recebe apelações das decisões dos Tribunais de Circuito.

A última instância judiciária é a Casa dos Lordes, funcionando nos julgamentos, entretanto, não os seus membros tradicionais e hereditários, mas outros, nomeados pela Coroa, com experiência como julgadores. Esses membros adventícios da Casa gozam de todas as regalias dos demais, podendo, também, se quiserem, participar de suas sessões sobre outros assuntos.

Esse tribunal, assim enquistado na Casa Alta do Parlamento Inglês, recebe recursos do Tribunal de Apelação e, às vezes, do Tribunal de Recursos Criminais, resolve também casos eleitorais e tem, em certos casos criminais, competência originária.

Vale mencionar ainda como órgão da Justiça inglesa o Comitê Judicial do Conselho Privado, que recebe as apelações dos Tribunais Eclesiásticos e as que vêm das Colônias.

Todas essas Cortes de Justiça trabalham de forma prática, sem idealismos excessivamente ambiciosos.

Não se tem a pretensão de achar que a causa de um pobre possa ser resolvida com o mesmo cuidado que a de um rico, porque as contingências inevitáveis da vida não o permitem. Perícias, precatórias, memoriais e outros preparos do processo custam dinheiro e podem absorver toda a quantia em jogo, não sendo portanto possíveis em causas menores.

As formalidades são reduzidas ao mínimo indispensável. O registro escrito quase não existe. Os depoimentos são tomados sem que sejam assentados, a não ser em processos que, pelo seu vulto, comportem a despesa da taquigrafia. As inquirições feitas, em seqüência rápida, na presença do juiz, não dão à testemunha tempo de preparar suas respostas. Dificilmente pode um mentiroso resistir a uma série rápida de perguntas incisivas. Em conseqüência, a prova testemunhal é mais prezada que a documental. Mais fácil se considera falsificar um papel do que, num depoimento, enganar o juiz.

Por outro lado, sendo a Justiça boa e rápida é ela muito procurada. Desaparece o sentimento de que um mau acordo, mesmo quando se tem toda a razão, é preferível a uma demanda, de resultado incerto e longínquo, cuja duração, com a inflação que sofremos, tira ao credor qualquer possibilidade de receber o que lhe é devido e incentiva o devedor a chicanas e demoras, que lhe trazem certo e imerecido benefício.

Só os Tribunais dos Condados e os municipais de Londres julgaram em 1960, na Inglaterra e no País de Gales, 1.508.048 processos (conferir *Whitaker's Almanach*, 1962, pág. 452).

Mas, relativamente, são muito poucos os casos que chegam aos tribunais superiores. Por diversos modos procura-se evitar as apelações. Um dos expedientes utilizados para isso é o agravamento da pena se a apelação não for provida. Outro é a caução, para poder recorrer. Ainda outro o consentimento prévio de uma autoridade intermediária, sem o qual não é possível recorrer.

Ao Tribunal Superior de Justiça só se chega se o Procurador-Geral admitir o recurso. Não cabe, como entre nós, agravo, se ele o repelir. O nosso sistema de submeter o recurso extraordinário a despacho do Presidente do Tribunal recorrido e depois admitir que se agrave do seu despacho para o próprio Supremo, não reduz em nada o trabalho deste. Apenas burocratiza e prolonga a solução, pois cria dois passos, onde bastaria um só.

Também na Inglaterra se utiliza, como entre nós, na Revista e no Recurso Extraordinário, o critério de só admitir apelo para os tribunais superiores em questão de direito e não de fato. Não se amplia, porém, a competência do tribunal superior para conhecer da matéria de fato, uma vez que haja conhecido da de direito. O tribunal superior funciona como Corte de Cassação, que reenvia o processo ao tribunal inferior para que, corrigido o erro de direito, rejulgue a questão material, sistema que existiu entre nós, no tempo do Império.

Em conseqüência de todos esses entraves, chegam à Câmara dos Lordes, talvez, duas dezenas de casos por ano, o que permite que os acórdãos sejam longos e profundamente estudados.

Que diferença entre isso e o nosso sistema, onde se comete ao Supremo Tribunal Federal a incumbência burocrática de resolver, num dia, setenta ou oitenta casos idênticos e sem nenhuma significação jurídica![*]

Jornal do Brasil, RJ, 12.01.196

---

[*] **N. do A.** Fontes utilizadas nesse trabalho incluem: *Martindales Law Digest* de 1963, *Civil Estimates* 1963-64, *Finance Accounts of the United Kingdom for* 1962-63, *Whitaker's Almanack*, 1962, *Coodhardt, Precedent in English and Continental Law* em *Cases and Materials on an Introduction to Law and the Judicial Process*, de Gavit, Fuchs & Paulsen, Chicago, 1952.

Trusts
- e -
Trustees:
sua origem
e natureza

A PROPRIEDADE NO REGIME FEUDAL

PARA SE COMPREENDER BEM a instituição inglesa e norte-americana do *trust* convém remontar às origens do direito de propriedade naqueles países, o que nos leva ao feudalismo da Europa Ocidental, de que ele descende em linha tão direta e próxima quanto o nosso instituto da enfiteuse ou aforamento.

Com a conquista da Europa romana pelos bárbaros, as hostes invasoras assenhorearam-se de toda a terra e de tudo quanto nela se encontrava, inclusive da pessoa dos vencidos, reduzidos à escravidão.

O comandante-em-chefe dos conquistadores tornou-se o proprietário e senhor supremo de toda a extensão conquistada. Dividiu-a entre os seus lugares-tenentes, e estes entre os seus subalternos e assim, por diante, em escala sucessiva.

Mas, nessa distribuição, o senhor supremo não se despia por completo do seu domínio: as terras eram concedidas aos seus beneficiados apenas a título limitado, fosse no prazo, em princípio restrito à vida do favorecido, fosse nos encargos concernentes ao seu uso e gozo.

Na Inglaterra, com a influência normanda, todas essas relações jurídicas vieram a ser designadas por termos franceses, muitas vezes misturados, em péssima linguagem, com palavras de origem saxônia.

A posse ou propriedade das terras concedidas aos subordinados diretos do Chefe-Geral era designada pela palavra *tenure*, de origem evidente do verbo francês *tenir*. Essa posse tornava o possuidor "vassalo" do senhor e a terra concedida era o *feud*, *fief* ou *fee*, sendo o direito do senhor concedente conhecido pelo nome de *seigniory*, quase homônimo da nossa palavra "senhorio".

As concessões seguintes eram *subinfeudations*, ou seja, subenfiteuses, e se seguiam até chegar-se a uma unidade territorial de fácil exploração. Os concessionários eram designados pela palavra *feudatories*, feudatários, mas nem mesmo esses trabalhavam a terra. Todos os proprietários pertenciam, inicialmente, às hostes invasoras, e o trabalho agrícola era feito pelas raças vencidas, designadas *serfs* ou *villains* (servos ou vilões).

O enfiteuta, como em Portugal, devia ao senhor duas obrigações principais: a *fealty*, ou fidelidade, e o *service*, que era a paga pelo uso da terra, e que, habitualmente, consistia em acompanhá-lo nas guerras, ou prestar assistência na sua corte.

A escritura de aforamento chamava-se *deed of feaffment*, mas só se completava com a investidura na posse, transformada em cerimônia realizada na presença dos vassalos vizinhos e que era denominada *livery of seisin*, palavras que lembrariam, em francês moderno, *livrée de saisie*.

Como a relação de serviço e fidelidade, que se estabelecia entre o senhor e vassalo, era estreita, íntima e de confiança, o contrato de aforamento não podia ser transferido sem mútuo consentimento. Nem o foreiro podia ceder seu domínio útil, nem o senhor o seu domínio direto, sem o consentimento do outro.

Direito Inglês

Com o tempo, na Inglaterrra, como no resto da Europa, o regime foi-se alterando. A posse em virtude de *tenures* ou aforamentos foi cedendo lugar ao aparecimento da plena propriedade. Os juramentos de fidelidade morreram e a prestação de serviços pessoais foi substituída por prestações monetárias. A servidão desapareceu pela simples ação da Igreja, convencendo aos senhores da sua iniqüidade. Mas em país algum, as velhas instituições deixaram tantos vestígios e exerceram tanta influência no direito moderno como na Inglaterra.

A separação do domínio útil do direto se transformou em simples abstração, mas perdurou no espírito do povo, e o direito passou a considerar a propriedade como a simples utilidade da coisa, e não um domínio, com a idéia de supremacia do indivíduo sobre a coisa, que entre nós se sente.

A palavra inglesa *estate*, correspondente à nossa "propriedade", é habitualmente definida como o interesse que o dono tem na coisa. E se dividem os *estates*, ainda à moda feudal, em *estates in fee, estates for life, estates for years*, e *estates at will*. Os primeiros são os que por morte passam aos herdeiros, os segundos os que por morte retornam ao proprietário anterior, os terceiros, os que resolvem decorrido certo número de anos, e os úlimos, os de natureza precária. Mas em todos eles, há sempre a sombra da propriedade anterior, a tal ponto que, se numa escritura, se transmite o domínio (aliás em inglês se diria,"o interesse") e não se diz que a transmissão é feita para o outorgado e seus herdeiros, entende-se que a propriedade é transmitida apenas pela duração da vida do primeiro.

Mencionamos essas particularidades para acostumar o espírito às abstrações[44], que se fazem no direito inglês e que nele assumem

[44] Abstrações, porque quem tem a utilidade da causa tem, na prática, a coisa, qualquer que seja o nome do seu título: propriedade, domínio útil, usufruto, locação, etc. As variações são apenas no prazo e nas condições da utilização.

maior importância do que no nosso, e para abrir caminho ao assunto desta tese, que são os *trusts*, cujo conceito também se originou e enquadra em sutis distinções baseadas no *interesse* do proprietário na coisa.

Apesar da sua natureza de direito costumeiro ou judiciário, o direito inglês se revelou muito menos flexível do que o nosso, que é escrito, embora à primeira vista pudesse parecer o contrário.

Uma das apregoadas vantagens do direito formado pelos tribunais, e não pelas câmaras legislativas, é que aqueles podem acompanhar as menores oscilações do sentimento público, e manter sempre as instituições jurídicas em perfeita harmonia com a vida que passa.

De fato, porém, os tribunais se revelam muito mais conservadores e contrários a mudanças que o legislador leigo, que se atira às mais profundas alterações com uma simples penada.

Assim foi que, aos poucos, na Inglaterra, as instituições jurídicas se revelaram profundamente atrasadas em relação às transações e operações jurídicas que se iam operando na vida civil e comercial, e a rígida aplicação feita pelos tribunais, dos princípios de direito tradicionais, acarretava freqüentemente soluções que estavam longe de corresponder às idéias de justiça que prevaleciam no espírito público.

O caminho natural a seguir teria sido, diz Stephen, promulgarem-se leis escritas que modificassem o direito inglês. Mas não foi isso o que se fez na Inglaterra.

Tribunais de Eqüidade

Ao contrário, os que não encontravam remédio, para os seus males, perante a Justiça ordinária, passaram a se dirigir diretamente ao monarca, pedindo-lhe que, *por eqüidade*, corrigisse a denegação da justiça que sofriam.

Mas o trono, mergulhado em outras ocupações, costumava delegar a solução dessas questões, que considerava de consciência, ao seu diretor espiritual, que tinha o título de *chancellor*.

Este passou a intimar a parte acusada a comparecer perante ele *sub poena*, sob pena de prisão, e, com o aumento das petições diretas ao rei, esse ofício transformou-se, com o tempo, na Corte de Chancelaria, e criou, na Inglaterra, duas redes judiciárias, que só vieram a ser fundidas em meados do século passado.

O primeiro requisito para admissibilidade de uma petição à *Chancery* era a impossibilidade de remédio perante a Justiça comum.

Entre os costumes que só encontravam defesa na *Court of Chancery*, estavam os *usos* e, mais tarde, os *trusts*.

Com os anos, as corporações religiosas, pela aquisição sucessiva de bens, sobretudo em forma de legados, em caráter inalienável, foram acumulando patrimônios consideráveis e se tornando alvo de inveja e cobiça.

Os monarcas viam, com desagrado, essa concentração de riqueza na mão de corporações, que não ousavam tributar e que tinham vida perene, não contribuindo nunca com os seus bens para o erário real, por motivos de sucessão, nomeação ou matrimônio.

E procuravam impedir que novas riquezas continuassem a correr para essas corporações, onde escapassem aos reais tributos.

Em 1297, Edward I promulgou o primeiro decreto real de *mortmain* (mão morta), tornando as pessoas jurídicas incapazes de adquirir bens imóveis sem real consentimento, e, depois, outros decretos de natureza semelhante se seguiram.

Mas a capacidade imaginativa dos que queriam beneficiar os conventos não parou diante dessas proibições, e, inspirados pelo direito civil, passaram a conceder o *uso* dos bens às corporações do seu agrado.

Fazia-se assim um novo desmembramento do domínio. Não era apenas a separação do domínio útil do domínio direto. Aquele ainda passava a ser exercido por um em proveito do outro, tendo um interesse e o outro o "gozo benéfico" (*beneficial enjoyment*).

Essas concessões de *uso*, que não eram conhecidas ou reconhecidas no direito comum inglês, encontravam apoio nos tribunais de eqüidade, na *Court of Chancery*, mais familiarizada, através do direito canônico, com o direito romano.

Estatuto dos Usos

Sob a proteção desse tribunal os *usos* foram-se desenvolvendo na Inglaterra a tal ponto que se considerava preferível ter o *uso* do que o domínio útil, porque o primeiro, considerado matéria de consciência, não pagava fôro nem laudêmio e era concedido pelos mesmos prazos e com as garantias que o segundo.

Além disso, os usos, pelo mesmo motivo, estavam também livres das penas de confisco, e foram muito empregados, ao que parece, na Guerra das Rosas, como defesa contra essa medida.

Escapavam ainda à ação de credores pelo mesmo motivo de serem um encargo moral, embora compulsório, em face da natureza religiosa da *Court of Chancery*, e assim se foram difundindo e tornando de tal modo procurados, que grande parte da propriedade imobiliária inglesa estava desmembrada e posta *em usos*, com sacrifício para o real erário.

Mas, a ação do Governo, para fazer desaparecer estes obstáculos à sua ação, não se fez esperar, e Bacon, porta-voz freqüente das idéias do trono, atacava os novos "usos". Por eles, dizia, muitos eram privados dos seus justos e razoáveis direitos; o que quisesse reivindicar a sua terra não sabia contra quem intentar a sua ação; a mulher casada era fraudada na sua terça; o marido, na posse dos bens da esposa; o senhor, nos seus direitos; o credor, nos seus créditos; o rendeiro pobre, na sua locação; porque estes direitos e deveres não eram assegurados pela lei contra o que tinha o *uso* da terra, mas contra o seu proprietário, e este possuía apenas uma nua propriedade.

Várias leis foram promulgadas para coibir os abusos até que Henrique VIII, em 1536, depois de completar a separação da Igreja Inglesa da Católica Romana, baixou o *estatuto dos usos*, consolidando o domínio útil na pessoa do usuário.

O decreto tinha, assim, o efeito de transformar uma posse fundada na *eqüidade* numa posse fundada em *direito* e, consequentemente, de transferir para a justiça comum as questões de terra que antes iam para a *Court of Chancery*.

Esta, por algum tempo, perdeu muito de sua importância, mas o estatuto de Henrique VIII não atingia a muitas situações. Toda a esfera dos bens móveis lhe foi alheia, e, mesmo entre os imóveis, ele só abrangeu a propriedade perpétua e não a temporária, e, mesmo entre a primeira, só tinha o efeito de transferir para o usuário o domínio útil, surgindo depois escrituras pelas quais se concedia o uso a um, para ser exercido em confiança (*in trust*), em benefício de outro, e essas escrituras, decidiu a jurisprudência, depois de longos conflitos entre a Justiça comum e a *Court of Chancery*, tinham o efeito de transferir o domínio útil integralmente ao usuário, mas não o liberavam das obrigações de exercê-lo de acordo com as determinações do testador ou doador.

E assim, sob a denominação de *trusts*, ressurgiam os antigos "usos", sempre sob a proteção dos tribunais de eqüidade, que até o século XVII ainda estavam em mãos do clero protestante, e que só vieram a desaparecer na Inglaterra em 1885, quando se fez a fusão das duas Justiças, embora se mantenha até hoje, naquele país e nos Estados Unidos, a dualidade dos dois ramos do direito; o direito comum e a *equity*.

Direito Norte-Americano

Embora o instituto do *trust* seja comum ao direito inglês e norte-americano, parece-nos que neste último país tem ele emprego muito mais generalizado, talvez devido ao fato de, nele, se poder remunerar o *trustee* (que tem a sua propriedade), ao passo que, na Inglaterra, essa função é sempre gratuita.

Nos Estados Unidos, em particular, generalizou-se muito o emprego do *trust* nas disposições testamentárias.

Um marido que morre, deixando fortuna considerável, não quer que a sua administração fique nas mãos pouco experientes da mulher. Por isso, deixa os bens a um estabelecimento de crédito de idoneidade e capacidade reconhecidas, para que os administre, mediante módica comissão, e pague os seus proventos à sua mulher durante a vida dela e o principal, depois, a seus filhos.

Dessa forma alcança ele a impenhorabilidade dos bens por dívidas da mulher e a impede de dispor deles, de forma a dissipá-los.

O estabelecimento *trustee*, com grande liberdade, aplica os fundos deixados. Vende títulos que julga perigosos e adquire outros que lhes inspirem confiança, dentro dos limites das prescrições legais que definem as aplicações lícitas, excluindo as mais arriscadas.

Mas, nem só por morte se instituem *trusts*. A palavra *trust*, que significa confiança, pode-se aplicar a toda e qualquer operação em que um homem tenha de repousar confiança noutro; frequentes são os *trusts* constituídos em vida, até mesmo em benefício do próprio instituidor.

Muitas vezes são debenturistas que se fazem representar por um *trustee*, a quem são outorgadas as hipotecas e entregues os penhores garantidores da emissão. Por ele são cobrados e recebidos os juros e o principal e tomadas as medidas assecuratórias dos direitos debenturistas. Por ele é feita a distribuição, entre todos, das quantias recebidas.

Mas, além dos casos expressos em que *trusts* são criados, contratualmente, existe um sem número de casos em que eles se formam implicitamente.

Na promessa de venda o vendedor se torna *trustee* de coisa vendida até a transmissão. Os contratos ante-nupciais criam um *trust* sobre os bens que lhe são objeto. O depósito de fundos num banco *para determinado fim* coloca os fundos em *trust* e o banco em posição de *trustee*.

Da mesma forma, as compras com dinheiro alheio se presumem feitas em *trust* em benefício do proprietário do dinheiro, aplicando-se a mesma regra às cessões gratuitas.

E, no vasto campo das fraudes, a *equity* anglo-saxônica verá sempre um *trust* na posse do produto de fraude, para defesa dos direitos do legítimo dono do dinheiro.

E, assim por diante, poderíamos continuar com exemplos a demonstrar a extensão que o conceito do *trust* tomou nos Estados Unidos e na Inglaterra, se não nos parecessem suficientes, para os fins deste trabalho, os exemplos já apontados.

Merecem especial menção, porém, os chamados *Massachusetts trusts* e os *voting trusts*.

As leis do Estado de Massachusetts, talvez como herança das de mão morta, não permitiam às pessoas jurídicas de direito privado adquirir bens imóveis. Daí surgiu nesse Estado o sistema de, nos negócios imobiliários de diversos interessados, entregarem estes as suas respectivas participações a um *trustee* para que ele adquirisse e loteasse o terreno pretendido, dividindo depois os proventos entre os participantes. Esses *trusts* muito se assemelhavam às sociedades, pois os *trustees* chegavam a dar aos benefeciários certificados de participação negociáveis.

Os *voting trusts*, embora proibidos em certos Estados americanos, são as combinações pelas quais diversos acionistas de uma empresa, desejando aumentar o peso de sua participação, transferem todas as suas ações a um *trustee*, que exerce então o direito de voto, sobre um bloco maior.

Dessas combinações utilizaram-se industriais norte-americanos para reunir numa só mão empresas diversas, pela transferência a um só *trustee* das ações de várias companhias. Daí a acepção vulgar com que hoje são denominados *trusts* os grandes monopólios industriais, embora muitas vezes não revistam, na realidade, essa forma legal.

Direito Brasileiro

Em muita coisa terá percebido o leitor situações em que o direito brasileiro, por outros caminhos, alcança os mesmos resultados da *equity*, e outras em que os resultados são diferentes.

As cláusulas de inalienabilidade que usamos, para evitar o desbarato da fortuna e estabelecer a impenhorabilidade dos bens, são rígidas e pouco elásticas. A venda de um bem inalienável é um processo longo e difícil. A venda de um bem posto em *trust* é imediata e tão fácil como a de um bem próprio.

Por isso mesmo, a cláusula de inalienabilidade só costuma ser imposta a apólices e prédios, o que exclui dos seus benefícios todos os demais títulos de crédito, para cuja venda, num momento de crise, talvez fosse fatal a demora da subrogação.

O industrial, pois, que tem toda a sua fortuna nas ações da companhia que dirige, não pode deixar à sua mulher essas ações em caráter inalienável, nem vinculadas quanto à sua administração. E um patrimônio que, muitas vezes, é o orgulho de uma família, tem de passar a novas mãos, para que o produto das ações seja aplicado em bens de raiz.

Mas, em muita coisa, o direito de reivindicação assegurado a créditos oriundos de mandato e comissão, no nosso direito, defende o interesse do mandante ou beneficiário, tão eficazmente quanto o *trust* na Inglaterra ou nos Estados Unidos.

E, nessa esfera do direito comercial, a comissão mercantil permite amplíssimo desenvolvimento às relações de confiança ou *trust*, em que uma parte, o comissário ou *trustee* age em proveito de comitente ou, *cestui que trust*, em nome próprio, em todas as esferas da atividade humana, comprando, vendendo, alugando, depositando, associando-se e fazendo tudo mais quanto de lícito houver, na esfera jurídica das atividades humanas.

Em tudo, porém, veremos, talvez, a influência profunda de duas psicologias diferentes: a anglo-saxônica, confiando, para punir depois os abusos, e a nossa, restringindo e fiscalizando, antecipadamente, para preveni-los. Mas excede ao âmbito desta tese o exame da possibilidade da criação dos *trusts* no Brasil, no nosso direito constituído, ou, sobre a conveniência de modificá-lo, caso haja obstáculos intransponíveis a essa criação.*

Revista Forense, novembro de 1943

* **N. do A.** Bibliografias consultadas: PERRY, *A treatise on the Law of Trust and Trustees*, 5ª edição, Boston, 1899; WALTER, *Introduction to American Law*, 9ª edição, Boston, 1887; STEPHEN, *New Commentaires on the Laws of England*, 16ª edição, Londres, 1914; *Encyclopedia Britannica*, 14ª edição, Londres e Nova Iorque, 1929.

Alguns artigos

- na -

IMPRENSA

A missão financeira que vai a Londres

Breve deve partir para Londres uma missão financeira que vai tratar da aplicação dos sessenta ou setenta milhões de libras que temos congelados naquele país.

A comissão vai concluir as negociações iniciadas pelo dr. João Neves, no sentido de conseguir que a Inglaterra nos forneça, em poucos anos, mercadorias em pagamento daqueles saldos e nos pague, enquanto não o fizer, juros de ½ % ao ano.

O que não se compreende é porque que vamos deixar aqueles milhões mofando num banco, quando temos uma dívida externa igual ou maior, que vence juros de quatro, ou mais, por cento ao ano.

Por que não se aplicar esses saldos na liquidação dessa desgraçada dívida, que tem sido para nós fruto de inúmeras humilhações, em vez de estar recebendo ½ % por um lado e pagando 4 por outro?

Diz-se que a Inglaterra não concorda; que ela prefere que compremos mercadoria a que saldemos a dívida, mas isso nos parece impossível por dois motivos: primeiro porque seria uma atitude injustificada de sua parte; segundo porque, como estamos informados, a sua própria legislação interna não nos impede de utilizar, como quisermos, aqueles saldos dentro da própria Inglaterra. Esta pode ter dificuldades em nos pagar o que nos deve, por falta de divisas externas, mas nada a impede de nos deixar tirar o dinheiro do Banco de Inglaterra, para entregá-lo aos nossos credores dentro de seu país.

Se assim procedermos aliviaremos o nosso orçamento de grande parte da despesa anual (e, consequentemente, o contribuinte brasileiro e o Brasil em geral) e não ficaremos expostos à humilhação frequente de não poder fazer face às nossas dívidas, como já ocorreu diversas vezes, desde a República.

Quem fica no Brasil não sente a diminuição que essa dívida externa representa para o nosso país, mas quem viaja se vê constantemente exposto a ouvir coisas como esta, dita a um amigo meu, paulista, que estava alojado, em Paris, num hotel de primeira classe: -*"Vous dépensez comme çá — et mes coupons de Saint Paulô?"*

Eu não falo do resgate, que faz um falido, pela metade ou quarta parte de sua dívida. Falo do pagamento do que devemos por título, até o ultimo ceitil da nossa dívida, sem pedir ou aceitar misericórdia dos nossos credores.

Há dois ou três anos passados eu não perderia tempo escrevendo propostas como essa, porque ela é escrita numa língua inteiramente diferente daquela conhecida de um governo que rasgava constituições e juramentos, confiscava bens, prometendo compensações, que não vinham nunca, dissimulava os seus atos sob as capas de "herança jacente" ou "incorporações ao Patrimônio Nacional" e, pela primeira vez na nossa história, se negava a pagar integralmente a nossa dívida externa, quando os cofres do Tesouro estavam abarrotados de divisas estrangeiras.

Mas agora, quando o país vai sendo permeado pelo pensamento franco e honesto de Eduardo Gomes, e que homens de bem, com tradição de correção e dignidade, começam a ocupar os cargos públicos, pode ser que elas frutifiquem, e que possamos liquidar a nossa dívida externa com a mesma decência com que já o fez Portugal, ou, ainda recentemente, os nossos vizinhos do Prata, tão mal falados neste momento.

Se assim fizermos teremos sempre no exterior, à nossa disposição, quantias muito superiores aos miseráveis sessenta ou setenta milhões que lá se acham, neste momento, e a que estamos apegados, como o devedor que deixa de pagar com o que possui de modo que nada mais lhe venha. Quanto mais pagamos as nossas dívidas, maior será o nosso crédito por toda parte, e, desfazendo-nos daquela reserva, ampliaremos, por toda parte, o nosso poder aquisitivo, com a vantagem de que as novas dívidas serão criadas à medida que forem necessárias, e não serão encargos do Estado, mas das próprias indústrias, ao fazerem as suas compras.

Mais vezes se acerta seguindo os princípios da moral do que os raciocínios da inteligência, porque aqueles são o resultado da experiência milenar do gênero humano, ou da revelação divina, e esses não podem prever todas as eventualidades. Ciano justificava Mussolini ter atacado a França, dizendo que ele não podia perder uma ocasião que, talvez, não se repetisse em cinco mil anos, e a própria França se rendeu diante dessa evidência.

Mas, por outro lado, quando Churchill resolveu resistir nas praias, nas ruas e dentro das casas, agiu unicamente de acordo com os impulsos do seu grande e valoroso coração.

E devemos começar com o resgate dos títulos que tanto preocupam o meu amigo Valentim Bouças, que já foram objeto de um apelo seu ao Congresso Nacional, e que são aqueles títulos que circulam em Londres com um carimbo, que diz, aproximadamente, o seguinte: "O valor desse título ficou reduzido à metade, por ato unilateral do devedor".

Nos Estados Unidos, mais condescendentes para conosco, o governo passado conseguiu trocar os próprios títulos, de modo a que não ficasse rastro ou lembrança da nossa concordata.

Mas os ingleses criaram dificuldades, e lá continuamos ainda com o estigma da nossa falta, impresso na face das nossas apólices.

Os saldos que temos na Inglaterra foram adquiridos à custa da inflação. O povo os ajuntou nas filas, no racionamento e nas privações. É justo que se veja, agora, liberado de uma dívida, que pesa sobre os seus ombros há tantos anos.

Correio da Manhã, RJ, 01.03.1947

Liberdade Cambial

Está parado e sem andamento, há mais de um mês, na Comissão de Finanças da Câmara, o projeto que cria o mercado livre de câmbio.

Durante todo o período do Brasil Império até o advento da revolução de 1930, o Brasil conseguia levantar na Europa e nos Estados Unidos os empréstimos que queria. Levantava-os para aplicá-los como entendesse (ou deixar de aplicá-los, como em alguns casos), sem fiscalização ou tutela de quem quer que fosse. Às vezes se indicavam ao público as finalidades do empréstimo, outras não. Mas nenhuma fiscalização existia sobre a aplicação soberana, por uma nação soberana, do dinheiro que recebia e se comprometia a restituir.

Hoje tudo mudou. Não conseguimos lançar um só empréstimo externo na Bolsa de Nova Iorque, como fazíamos dantes. Temos que nos dirigir unicamente ao banco oficial americano da Exportação e Importação ou ao Banco Internacional de Reconstrução e Desenvolvimento, que só emprestam os seus fundos depois de mil averiguações sobre o destino que eles terão, e de estabelecer um controle absoluto sobre sua aplicação na forma combinada. Se o objetivo do empréstimo não lhes parecer acertado *até mesmo do ponto de vista de quem o solicita*, não é possível consegui-lo.

As relações antigamente se estabeleciam entre o nosso governo e os particulares tomadores dos nossos títulos. Hoje se estabelecem de governo a governo. Os empréstimos, dessa forma, entram na órbita da nossa política internacional, passam a influir sobre ela e nos obrigam muitas vezes a pautá-la de acordo com as nossas conveniências de crédito. No balanço de nossas contas de amizade com nações estrangeiras, passam eles a figurar contra nós como favores que nos foram concedidos, ao passo que antes não havia a considerar senão o interesse recíproco do nosso Tesouro e dos subscritores das apólices.

No correr do tempo, temos visto horas difíceis, em que fomos forçados a suspender o pagamento de nossas dívidas externas. A nossa falta, porém, era uma falta de natureza semi-privada, porque se dava entre o nosso governo e os particulares, a quem prejudicávamos. Hoje a falta de pagamento desses novos empréstimos de Estado a Estado teria o caráter de uma violação de obrigações internacionais, e nos levaria pela via da amargura e da humilhação perante potências estrangeiras.

De quem a culpa de tudo isso? Sobretudo de nós mesmos e da política econômica e financeira que adotamos, que está longe de nos conduzir, uma nação de cinqüenta milhões de habitantes, a uma situação de independência e de igualdade no convívio internacional.

A impossibilidade de obter empréstimos externos, nas condições em que antes os conseguíamos, deve-se a dois fatores principais: o golpe que sofreu nosso crédito com o esquema de 1943 (pelo qual reduzimos à metade o valor das nossas apólices) e a nossa política de controle cambial.

Dos dois fatores o segundo é sem dúvida o mais importante, pois a memória dos homens é curta e uma vez adotado um critério da pontualidade na solução de nossos compromissos financeiros, as faltas antigas seriam esquecidas e perdoadas, quando não por bondade de coração, ao menos, pela esperança de novos negócios, que dessa vez fossem lucrativos.

O controle de câmbio, porém, pelo qual um Estado da nossa Federação não pode pagar uma dívida contraída no Exterior, sem o consentimento do Banco do Brasil, é que torna completamente impossível qualquer operação nos velhos moldes. Mas mais do que isso, o controle gera uma atmosfera de desconfiança em torno da nossa moeda, que afugenta qualquer possibilidade de empréstimos particulares internacionais. Ninguém aplicará capital num país, onde o dinheiro pode entrar mas donde não pode sair ou onde essa saída dependerá de licenças, que possam ser negadas, ou de regulamentos cambiais, que possam ser alterados de um momento para outro.

Só uma política convincente de liberdade econômica poderá nos devolver à invejada insubserviência, com que antes colocávamos nossos títulos no exterior, e nos restituir a liberdade de ação internacional, decorrente de não dependermos nem dos governos mais amigos para as nossas necessidades de crédito no Exterior.

No momento atual, pode-se dizer que só existe no mundo um país de livre entrada e saída de dinheiro, que são os Estados Unidos, e eles hoje reúnem quase todo o dinheiro do mundo, justamente por esse motivo. Nós que seguimos o seu magnífico exemplo em tanta coisa, devíamos segui-lo neste particular também. Será que o momento não é favorável para começar? Mas, se não o é, então quando virá esse momento, se há mais de vinte anos nos encontramos asfixiados no regime provisório do controle cambial? Não devemos esperar que outras nações nos dêem o exemplo, mas, por uma feita, ao menos, procurar agir por nossa própria iniciativa, e contribuir com um exemplo em vez de esperar por ele.

O que nos falta é sobretudo coragem. Coragem de sair daquilo a que estamos acostumados a ver e a fazer. Coragem para pensar e agir segundo novos moldes e sem o apoio dos outros. O momento propício, o momento ótimo, para recebermos dinheiro em profusão (e com ele crédito e tudo que o acompanha), há de ser justamente esse em que mais ninguém pratica a liberdade cambial.

Se todas as economias do mundo fossem livres, ninguém nos procuraria só por esse motivo, mas nesse momento, sobretudo, em que a nossa grande vizinha do Sul se acha nas profundezas do abismo econômico, é que mais aproveitaríamos com a medida a tomar.

Ande, pois, com urgência, o projeto parado na Comissão de Finanças da Câmara.

Diário de Notícias, RJ, 21.10.1951

Industrialização

Merece louvores a Carteira de Importação e Exportação do Banco do Brasil, pelo modo enérgico e eficaz com que vem contribuindo para a maior industrialização do país, recusando-se a dar licenças de importação para mercadorias que possam ser fabricadas aqui e dando prazo a indústrias estrangeiras para que montem aqui novas fábricas, sob pena de verem suspensas as licenças para importação de seus produtos.

Essa política vai tornando o nosso país independente do mundo exterior e fazendo com que aqui se monte um grande parque industrial, que vai elevando o nível de vida da nossa população, pois sabe-se que esse nível nos povos industriais é muito mais elevado do que nos povos agrícolas ou pastoris.

Toda essa riqueza, porém, vai se criando sobre pés de barro, porque ela está cada dia mais dependente do petróleo, que não produzimos em quantidade apreciável. Até há pouco as nossas estradas de ferro consumiam lenha ou força hidrelétrica, de produção nacional, ao passo que agora caminham para a tração diesel-elétrica, que depende da importação de óleo. Estão em andamento vultosas encomendas de locomotivas desse tipo para a Central do Brasil, e ao mesmo tempo se cogita da instalação de uma grande central térmica, para a produção de energia elétrica, em São Paulo, que será mais um consumidor provável de combustível importado.

De todas as libertações econômicas, a de que mais necessitamos é a da importação de petróleo, mas nesse ponto anda silente a Carteira de Importação e Exportação, não ousando dizer das grandes empresas estrangeiras: "produzam petróleo no Brasil ou nós lhe cassaremos as licenças de importação".

Nosso Estado Maior parece esquecido da gravidade de que esse problema se reveste para a defesa nacional e da urgência com que tem de ser resolvido. Nova guerra mundial, com a redução de nossos abastecimentos, significará a paralisação de grande parte das indústrias e dos transportes do país. Um conflito, neste continente, nos deixaria inteiramente à mercê dos nossos vizinhos que tenham produção própria, caso a ONU resolvesse fazer justiça à sua moda, mandando que nada se fornecesse a qualquer dos beligerantes, a fim de pôr termo ao conflito.

Nos Estados Unidos da América do Norte tive ocasião de falar com muitos industriais e de estimulá-los a vir ao Brasil, para montar aqui suas fábricas. Surpreendeu-me, porém, o número de pessoas que me perguntaram se não havia perigo de confisco neste país. Não ousei declarar categorigamente o contrário porque lembrava-me da Brazil Railway, do Porto do Pará, da Costeira, do Banco Hipotecário e Agrícola de Minas Gerais, dos bens de Paul Deleuze e de outros casos mais, mas disse-lhes que o perigo era remotíssimo e os lucros mais do que compensadores.

Creio que foi o caso de Abadan, que reacendeu no mundo financeiro o receio de expropriação, nas aplicações do capital no exterior.

A nossa hesitação em permitir a exploração de petróleo por estrangeiros nasce, porém, do exato oposto: o receio de que grandes interesses estrangeiros no nosso país possam ser uma ameaça à nossa liberdade.

Onde as nossas vistas se encontram é em não ver que no regime atual, em que dependemos de empresas estrangeiras para o fornecimento de petróleo que elas extraem em outros países, estamos mil vezes mais à sua mercê do que se dependessemos delas para fornecer produtos originários do nosso próprio solo.

Nosso atavismo português e mouro, nacionalista e acanhado, que manteve as portas deste país fechadas ao comércio estrangeiro durante mais de três séculos, até que circunstâncias estranhas à vontade de Dom João VI lhe impuseram a grande medida que tomou em 1808, é a nossa sina, que nos acompanhará até que filhos aqui nascidos de outras nacionalidades, menos fechadas do que a nossa, venham realmente abrir este país a quantos queiram procurá-lo e torná-lo o paraíso que ele pode e merece ser.

Diário de Notícias, RJ, 25.11.1951

A Situação Econômica do Norte

O Deputado Afonso Arinos interrompeu o discurso em que explicava a posição da União Democrática Nacional, em face do discurso do Presidente da República, para contar que, na vinda para a Câmara, pela rua do Catete, havia cruzado com três famílias de retirantes nordestinos, miseráveis, andrajosos, com o ar, ao mesmo tempo, esperançoso e temeroso da sorte que os esperava, nessa fuga para o sul.

A divagação acendeu, imediatamente, o interesse da casa, provocando muitos e prolongados apartes, todos uníssonos em reconhecer as terríveis condições de vida que assolam o nordeste e divergentes, apenas, quanto à culpa do governo, na criação desse estado de coisas. A única sugestão útil, que se ouviu, no sentido de melhorá-lo, foi a de que o governo apressasse a remessa para o Norte das contribuições generosas, com que o resto do país, por força de imposição constitucional, deve contribuir para o seu progresso. Nada se disse ou se reclamou sobre o que, de direito, pertence aos nordestinos, e que lhe vem sendo negado, há anos, através de uma política ignorante ou egoísta das forças a quem, por densidade demográfica, cabe dirigir o país.

O direito que reclamamos para o Norte, capaz de repor a sua situação no ponto em que deve estar, e que lhe tem sido negado há mais de dez anos, é o direito de vender a sua produção pelo seu justo valor.

É disso, e não de esmolas, que a vasta zona territorial, que se estende desde o Acre até o Espírito Santo, precisa e que pode reclamar com toda a energia com que se reclamam os direitos naturais do homem.

A espoliação do Norte começou com a guerra, em 1940, quando se fixaram preços máximos à borracha, que, de outro modo, teria enchido de dinheiro toda a vasta bacia amazônica. No interesse, porém, do Tesouro Americano ou das fábricas de pneumáticos do sul, pertencentes, em sua maior parte, a estrangeiros, estabeleceram-se preços-teto para a produção da nossa hévea, conseguindo os interessados iludir, ou iludir-se, com argumentos de que não convinha provocar uma corrida para os seringais e outros semelhantes. Essa política, aliada à manutenção da taxa do dólar, produziu uma imensa inflação de preços no Brasil, que era exatamente o que os Estados Unidos visavam impedir em seu próprio país, e conseguiram impedir, com a nossa colaboração.

Mais grave do que isso, porém, para a prosperidade do Norte, é a manutenção, insistente, da taxa de dezoito cruzeiros, para compra de letras de sua exportação, que, por vezes, lhe tem tolhido, e ainda está a lhe tolher esse comércio, mas que, sempre, o força a vendê-las com muito menos lucro do que poderia e deveria obter.

Porque o café, graças a uma política anti-social de queima e de proibição de plantio, chegou a uma situação estatística no mundo, tão escassa, que ele consegue viver a essa taxa de dezoito, sacrificando todos os demais exportadores do nosso país.

Mas porque não se cria um mercado especial de câmbio para todos esses produtos, hoje chamados de "gravosos", como se fossem um ônus para o país? Por medo e por fraqueza. Por medo de que só os grandes plantadores de São Paulo, vendo os seus irmãos do Norte receber melhor pagamento do que eles, pelas cambiais que produzem, venham a reclamar para si a mesma vantagem, e que o governo tenha coragem de recusá-la, resultando daí uma quebra geral da taxa que, com afinco e imprevidência, vimos mantendo há mais de quinze anos.

A queda geral do nosso câmbio, dizem, acarretaria um aumento no preço dos produtos que importamos, como a gasolina e o pão (que miséria ainda termos de importá-los, quando o nosso sub-solo está cheio de petróleo e nossos campos se prestam ao trigo!) e isso, por sua vez, acarretaria um aumento geral do custo de vida.

Realmente é espantoso que só o Norte é que tenha de sofrer, em nome dessa subida dos preços que avassala o país. Quando não há mês em que se não tenha notícia do aumento de meio circulante, quando o próprio governo não hesita, como agora, em aumentar o preço da gasolina, para entregar, ao Instituto de Aposentadoria e Pensões de Transportes e Cargas, dois mil contos diários, para serem, sem dúvida, gastos em novos edifícios no Distrito Federal, é o Norte que tem que de continuar a sofrer em nome da carestia, e que a gente do Sul fala, generosamente em lhe fazer donativos.

É essa, sem dúvida, a sorte dos espoliados e dos oprimidos.

Diários de Notícias, RJ, 16.10.1952

A defesa do Dólar

O caminho adotado pelo presidente Johnson para defender o dólar não é dos mais eficazes. Nós, brasileiros, somos mestres no assunto, uma vez que já tentamos, inutilmente, todos os meios de evitar a baixa do câmbio, através de restrições e controles. Quando a moeda perde valor internamente, ano após ano, não há como salvá-la diante das demais. As restrições só agravam e dificultam a situação.

Os Estados Unidos estão com uma moeda cujo valor ouro foi fixado em 1933. De então para cá tudo subiu de preço nos EUA. O poder aquisitivo do dólar caiu do índice 2,326 para 0,946, de 1940 para 1968. O papel-moeda aumentou de $ 5 bilhões em 1933 para $ 42 bilhões em 1966.

Quando o preço de tudo sobe, como é possível manter o ouro em 35 dólares a onça?

O resultado é que hoje todas as minas de ouro do mundo são gravosas, exceto algumas na África do Sul, onde o trabalho é baratíssimo e as jazidas muito ricas, e algumas no Canadá, onde o ouro é subproduto. O Brasil, que já foi grande produtor, não aparece mais nas estatísticas.

Extraordinário é que os EUA tenham conseguido manter o preço a esse nível, durante tanto tempo. Mas, agora, parece que chegam ao fim das suas possibilidades.

A persistência com que têm procurado sustentar o seu crédito e seus compromissos, em face de grandes gastos internos e de uma munificência em relação ao mundo, como nunca se viu, é, realmente, admirável.

Mas, por esse caminho, chega-se a um ponto em que os próprios credores devem reconhecer a impossibilidade surgida e se porem de acordo com o devedor para resolver o problema do melhor modo.

O descrédito não será maior do que o sofrido em 1933, quando os EUA declararam sem efeito todas as cláusulas-ouro, inclusive nos títulos de sua própria dívida, que estabeleciam pagamento em moeda do mesmo padrão de peso e toque que o em vigor em 1837. Nem do que o descrédito sofrido pela Argentina em 1890, a Rússia em 1917, o Brasil em 1946, ou a Inglaterra, o mês passado.

A desvalorização é um imposto que o país, em aperto, impõe a todos os seus credores. Ela sempre existiu, mesmo no tempo em que a moeda em circulação era o ouro e antes que a invenção de Gutemberg tornasse fáceis as emissões em papel.

O mais comum eram os reis alterarem a liga das suas moedas. Não chegavam a intercalar uma folha de cobre entre duas lâminas de prata, como fazem atualmente os EUA, porque a técnica metalúrgica da época não o permitia.

Outro recurso comumente usado era o de reduzir o tamanho das moedas. A libra inglesa, inicialmente, correspondia a uma libra-peso de prata. Hoje ela só dá para comprar alguns gramas.

Em meados do século dezessete, aqui no nosso país, ainda colonial, todos os possuidores de ouro e prata foram intimados a levar suas moedas às casas de resselagem para serem recarimbadas. E quando os incautos, ou temerosos, ou virtuosos, acudiam ao chamado, eram tosquiados, cortando o Governo, das suas moedas, uma quarta parte e restituindo o restante, com o mesmo cunho de valor que tinham antes.

Para que não fossem rejeitadas pelo povo as novas moedas, proibiu-se a circulação das estrangeiras, como a pataca do Peru, o que logo fez com que ela subisse de 480 para 600 réis. Vieira, o grande orador sacro, ocupando-se de economia política, dizia que "no Rio de Janeiro se abaixou a moeda com tal diminuição, que, em um dia, computando o que se possuía com o que se perdeu, quem tinha nove se achou somente com cinco" (*apud* Pedro Calmon, *História do Brasil*, p. 879).

Na França, nos cinco séculos que vão de São Luis a Luis XV, a libra passou de 100 a 5 gramas de conteúdo-ouro, e em Portugal, nos três que vão de Dom João II a Dom João VI, o valor dos reais caiu de dois terços.

De uma feita, o ágio dos metais preciosos foi tão grande que levou Dom Afonso V a decretar que as dívidas particulares fossem pagas ao câmbio da época em que foram contraídas.

"Pretendia o rei, com esse decreto, corrigir o indireto furto inconsciente que os credores sofriam com a baixa do câmbio; tinha Dom Afonso V, em 1470, uma responsabilidade moral que nem todos os homens de governo do século XX conseguem alcançar na formação de sua mentalidade política" (Pires do Rio, *A moeda brasileira*, p. 45).

Portugal parecia avantajar-se sobre outros países em escrúpulo, tanto quanto, na ocasião, os excedia, na extensão do seu império.

A guerra de 1914 provocou tão grandes transferências de ouro da Europa para os EUA, que todos os países do antigo Continente foram forçados a quebrar o padrão das suas moedas, não havendo controles cambiais capazes de evitar esse resultado.

Caiu-se, mesmo, num regime de concorrência desabrida de desvalorizações, procurando os países suplantar uns aos outros nas exportações, à custa de desvalorizações voluntárias e, muitas vezes, excessivas de suas moedas, criando verdadeiras subvenções à exportação, à custa desse tributo, que é a inflação.

A Segunda Guerra Mundial, com o *cash and carry*, acabou de liquidar as reservas-ouro dos países europeus e os EUA emergiram dela possuidores de ¾ do ouro existente no mundo.

Dizia-se, então, que o comércio internacional tinha de parar, porque se chegara a um ponto, como num jogo de gude, em que um dos parceiros tinha ficado com todas as bolas e não havia mais como prosseguir.

Em 1944, ainda em curso a guerra, realizou-se, em Bretton Woods, a conferência dos países aliados, na qual se criou o Fundo Monetário Internacional.

Destina-se ele, segundo seus estatutos, a promover a estabilidade dos câmbios e conduzir à liberdade cambial, proporcionando aos seus participantes recursos com que atravessar desequilíbrios no seu balanço de pagamentos.

A conferência realizou-se ainda sob a égide de certo respeito pelo ouro, exigindo-se, dos países, que realizassem 25% de sua quota nesse metal, sendo o restante coberto com suas próprias moedas fiduciárias, postas à disposição do Fundo Monetário.

Com o correr do tempo, tornaram-se insuficientes os recursos do Fundo. De 1938 a 1964 o comércio mundial aumentou, em volume, de 57 para 155 e, em valor, de 39 para 102, usando os índices de exportação do Anuário das Nações Unidas. E hoje não se usa mais a imagem das bolas de gude. Surge o argumento da insuficiência do ouro existente no mundo para servir de meio de pagamento entre as nações.

Mas esse argumento é artificial, porque artificial é o preço do ouro.

Se lhe atribuíssem o valor de US$ 100 por onça em vez de US$ 35, haveria de sobrar, não faltar, e além disso haveria a retomada da produção, hoje reduzidíssima, como já dissemos, em virtude do baixo preço, insuficiente para custear a mineração.

O argumento de que o ouro, se não fosse usado para fins monetários, valeria menos do que o seu preço atual, é falso, porque se baseia num pressuposto falso; o de que os países estejam dispostos a se desfazer das suas reservas-ouro. Basta ver a hostilidade com que os EUA recebem retiradas de ouro dos seus estoques para saber que não há sinceridade em tal argumento.

A idéia de que uma moeda escritural internacional, controlada pelo Fundo Monetário, seja melhor do que o ouro, parece, até, fabricação de quem não tem ouro, porque esse metal é o mais inelástico que se conhece e o que, comprovadamente, pelo uso secular, constitui melhor metro de valores.

Por tudo isso é lamentável que os EUA não vejam a luz e prefiram a desvalorização à tentativa de restrições monetárias, sempre consideradas péssimo exemplo e contrárias a todos os princípios de Bretton Woods.

As pressões econômicas são forças da natureza, irreprimíveis, e não há como vencê-las.

Não é possível, porém, deixar de louvar a preocupação com a sorte dos países subdesenvolvidos, que se observa nas propostas do presidente americano. Proíbem-se novas inversões de capital na Europa, mas permitem-se na América Latina, quando na Europa são mais rendosas. Um dólar aplicado no velho continente é recuperado pelas empresas americanas em três anos, ao passo que aplicado na América Latina leva sete para ser reavido.

O repatriamento de lucros funciona melhor na Europa, nos países cujas moedas estão livres, e é difícil no nosso hemisfério, onde existem barreiras cambiais restritivas. Entretanto, é aqui que se permitem novos investimentos e lá que são proibidos.

O turismo, livre para a América Latina, é proibido para a Europa e o Japão, o que será benéfico para o Brasil, e, sobretudo, para o México e países mais próximos.

Mas essas medidas são todas muito tristes porque vão dividindo o mundo em compartimentos estanques. Em vez de podermos viajar, conhecer uns aos outros e aprender uns com os outros, vamos ficando presos num obscurantismo que pode ter efeitos maléficos até sobre a paz mundial.

A solução preferida por Roosevelt, em 1933, da desvalorização da moeda, automaticamente reduz o turismo ao exterior e aumenta o que vem de fora, porque torna as viagens mais caras para quem sai e mais baratas para quem vem. E corta pela metade os lucros exportáveis, oferecendo, também, grande vantagem a quem traz capital.

Contra a desvalorização existe o receio de que a medida seja ineficaz, porque outros países, também, desvalorizariam. Mas, ao menos um, é de crer que não o faça: o governado por Charles de Gaulle.

O receio de favorecer a Rússia, dando-lhe maior poder aquisitivo no exterior, com o seu ouro, ou de favorecer a África do Sul, de castigo pelo *apartheid*, também influi na decisão americana, mas não é motivo que supere as outras desvantagens,

Se os EUA realmente quisessem restabelecer a confiança na sua moeda, então que revogassem a proibição do entesouramento do ouro, vigente desde 1933.

Os controles não poderão criar a confiança que é a base do valor da moeda. Acentuarão até o êxodo dos sessenta bilhões de dólares do capital estrangeiro, que se acham aplicados nos EUA e afugentarão novas entradas.

O progresso nas ciências positivas, com as descobertas nucleares, cósmicas e eletrônicas, não nos leva a pensar que, no campo psicológico dos controles humanos, ou da força de vontade, tenhamos nos adiantado, e que possamos nos controlar na fabricação de dinheiro-papel. Até pelo contrário, o século atual se distingue pelo abandono de tudo que seja sacrifício e por uma resistência, cada vez menor, às tentações. Contra a da inflação e desvalorização, a melhor defesa é, pois, o ouro.

Correio da Manhã, RJ, 07.01.1968

Natalidade

A NATALIDADE ACABA DE CAIR, nos EUA, pelo oitavo ano consecutivo. De 24, por mil habitantes, em 1959, passou para 17,9 em 1967.

Na opinião de um alto funcionário do Centro Nacional de Estatística de Saúde, de Washington, em entrevista dada ao *New York Times*, o declínio pode continuar nos próximos anos, devido ao espaçamento maior que a mãe de família americana procura dar à sua progênie.

Com a propaganda, cada vez maior, que os americanos fazem do planejamento familiar; com decisões, como a da Suprema Corte, de serem inconstitucionais as leis que o proíbem, e com a facilidade, sempre crescente, que a ciência e os costumes proporcionam de se burlar a natureza, muito dificilmente deixará a curva de continuar a sua marcha decrescente.

Nos últimos seis anos o ritmo do decréscimo aumentou e, se continuar assim daqui a dez, a curva dos nascimentos cruzará a linha da mortalidade, estável em 9,5 por mil habitantes. Nesse ponto, os nascimentos não darão para substituir os que morrem e a população dos EUA começará a diminuir.

A redução numérica da população será acompanhada de um aumento da idade média, pois, à medida que vão diminuindo os nascimentos, as classes moças se tornam menos numerosas e pesam menos no cômputo geral.

Nos EUA a idade média, que, em 1820, era de 17,5 está hoje em 27,8. Quando se der o cruzamento das duas linhas, a da mortalidade e da natalidade, ela deverá estar em torno das idades médias dos países envelhecidos da Europa, que, em 1965, eram de 31,2 para a Alemanha, de 34,5 para a Inglaterra e de 35,0 para a França.

Esse envelhecimento da população terá efeitos talvez mais prejudiciais do que a simples redução numérica.

Nos esportes, um atleta de mais de 25 já está ultrapassado. Na obstetrícia, uma primípara, dessa idade, é considerada envelhecida. Einstein desenvolveu a teoria da relatividade aos 26 anos.

No recente colóquio da Organização Internacional de Pesquisa sobre o Cérebro, onde se reuniram, em Paris, as maiores sumidades no assunto, constatou-se que o período de utilização intensiva das funções cerebrais situa-se entre os 15 e os 30 anos e que, depois disso, o cérebro começa a perder peso.

Numa competição esportiva, entre dois times, um mais velho do que o outro, ninguém poderá ter dúvida sobre qual será o resultado dessa diferença que é igualmente decisiva na competição entre as nações, sobretudo no campo militar.

Na juventude imperam as virtudes que trazem o triunfo, como a coragem, a impetuosidade, o espírito de sacrifício.

A submissão da França, diante da Alemanha, na última guerra, ou a diferença entre a Inglaterra imperialista da era vitoriana e a atual, ou mesmo a audácia da Coréia do Norte, aprisionando um navio de guerra americano, sem reação instintiva da esquadra a que ele pertencia, coincidem, todas, com diferenças de idade populacional.

E embora haja povos que sejam, naturalmente, melhores guerreiros do que outros, como, na Índia, os Gurkas e os Sikhs, a Inglaterra, os EUA e a França já nos deram demonstrações insofismáveis de suas qualidades militares, e a explicação dos seus insucessos tem de ser procurada em outro campo.

Nada disso, porém, significa que, peados pela redução numérica e pelo envelhecimento populacional, os EUA percam, em pouco tempo, a sua supremacia econômica.

Enquanto se der o milagre da sua fidelidade a um regime de irrestrita livre concorrência, os EUA manterão a sua imensa superioridade econômica sobre os países da Europa, imersos no estatismo, que destrói, ou torna insignificante, a competição entre os homens.

Enquanto a indústria européia se amolece, no conforto dos cartéis, onde as empresas ensarilham armas, dividindo áreas ou fixando preços, pondo o consumidor à mercê do seu arbítrio, a americana se enrijece nos obstáculos das leis *anti-trust* que exigem, para a sobrevivência, o apuro máximo de todas as faculdades e a eliminação impiedosa dos menos capazes.

A grandeza e as misérias e injustiças do seu grande êxito se devem a uma feliz coincidência do período principal do seu desenvolvimento com o predomínio do *laissez-faire* e *laissez-passer* no pensamento mundial, doutrina a que se apegaram com grande fidelidade.

E embora se avistem agora certos desfalecimentos, como a tentativa de contornar a crise monetária pela aplicação de medidas restritivas, enquanto mantiverem aquela competição, mesmo com uma população reduzida e envelhecida, continuarão a ter uma primazia sobre outros povos, como se Deus os tivesse dotado de maior inteligência natural do que os demais.

Mas o suicídio racial — como Theodore Roosevelt qualificava a restrição à natalidade — acabará por vencer.

E aí surgirá uma ocasião para que venha a cair, por uma vez, nas mãos jovens do Brasil, o bastão da liderança, que já passou por tantas outras.

Correio da Manhã, RJ, 19.05.1968

A Bomba Atômica

Em fins do século passado, por volta de 1897, Joaquim Nabuco escreveu:

"Parece-me bem próximo o anúncio de descobertas que tornarão igual a força das nações. Já o número não conta mais, dentro de certos limites; chegará o dia em que não contará mais de todo. O poder de destruir será tão grande que se faria preciso sacrificar centenas de milhares de homens onde hoje não se teria de arriscar senão dezenas. É honroso para o gênio humano que os grandes inventores se ocupem mais do aparelhamento industrial do mundo do que de criar engenhos de destruição, mas pode-se considerar a abolição da guerra pela ciência como certa. Não pelas ciências morais, mas pelas físicas. Não será a economia política ou o arbitramento que porão fim à guerra, mas a eletricidade ou a química". (*Pensamentos Soltos*, Livro III, § 219)

Para que essa profecia se realize através da bomba atômica será preciso que todos a tenham. Enquanto uns a tiverem e outros não, enquanto os que a tiverem oprimirem os outros para não tê-la, estaremos longe da igualdade que a pólvora criou entre os homens e que se exprime na legenda um pouco irreverente, mas bem ao caso, da *American Rifle Association*: "Deus fez os homens semelhantes, mas Colt os fez iguais".

As forças morais que coíbem o emprego da arma atômica podem ser grandes, mas não bastam para impedir o seu uso.

Nossos antepassados não deixaram de usar a pólvora contra o arco e a flecha, nem os Estados Unidos de usar a bomba contra o Japão, pelo fato de este não a ter.

As forças morais, se não forem apoiadas pelo receio da represália, cederão, num momento de desespero, ou de simples egoísmo, às do ódio, da vingança ou da cobiça, que, isoladas ou entrelaçadas, surgem de um momento para outro.

O risco será maior para os países de raça diferente. A China usará a sua arma com mais facilidade contra os russos do que contra os japoneses, e os povos brancos do Ocidente hesitarão mais em destruir os de sua cor do que os de raça diferente ou mestiça.

Por isso a Holanda e a Bélgica talvez tenham menos motivo para recear a bomba atômica do que nós, mas, se a possuírem, não serão invadidas como o foram em 1914 e 1940, pois a destruição que poderão causar com uma só bomba será bastante para dissuadir quem tiver muitas.

Os pactos de não agressão ou de renúncia à guerra, como o Briand-Kellog de 1928, nada conseguem.

Os de desarmamento não chegam nunca a resultados convincentes.

Há 50 anos a Rússia propôs a abolição de todas as armas. O representante da Espanha na conferência, Quiñones de Leon, levantou-se e contou uma parábola:

"Certa vez na floresta os animais se reuniram para pôr fim a todas as armas. O leão propôs que se acabassem com os chifres; o touro, que se abolissem as garras; a cobra, que se proibissem os cascos, e assim por diante, cada um propondo a destruição das armas dos outros, até que se levantou o urso e propôs a abolição de todas as armas, exceto o abraço universal".

Agora, há dois ou três meses, as nações do Pacto de Varsóvia sugeriram que se proscrevesse a iniciativa do uso da arma atômica, mas as da OTAN recusaram, dizendo que não podiam abrir mão de defesa alguma, caso fossem atacadas. Não o disseram, mas a sua marcada inferioridade em efetivos e carros de combate não admitia a hipótese de só reagirem por meios convencionais.

E à medida que o tempo passa, cada vez mais enfraquecidas pela riqueza e pelo conforto, que trazem no bojo as sementes da sua própria destruição, e envelhecidas pela falta, cada vez maior, de novos nascimentos, não aceitarão nunca as nações da OTAN uma guerra que as obrigue a ir para o campo de batalha, quando, à distância, acionando detonadores, poderão alcançar a vitória com menos sacrifício.

Por isso mesmo, os que já se acham garantidos procuram evitar que outros se garantam. Quando a Rússia fez a sua primeira experiência, grandes foram os clamores que se levantaram e a mesma ou maior pressão sofreu a França quando fez as suas provas no Pacífico.

Hoje, uma e outra, já tendo alcançado seus objetivos, integram o bloco de pressão.

Mas o que é difícil de compreender é como tantas outras nações, em vez de seguir-lhes o exemplo de indiferença diante do clamor, assinam pactos de não proliferação, pelos quais limitam suas próprias defesas.

Que estranha *capitis deminutio* é esta, imposta em nome da paz, a países da América, que vivem sossegados dentro dos seus imensos territórios, sem outra ambição que a do seu próprio progresso, imposta por países como os da Europa, cuja História é uma guerra constante?

E que estranho que essa pressão se possa exercer contra um país como o nosso, ligado aos Estados Unidos por laços seculares de amizade, que participou com ele de duas guerras e cujas rotas aéreas foram parte essencial da estratégia da vitória comum.

Jornal do Brasil, RJ, 02.03.1977

O Voto Distrital

A notícia de que o Presidente da República apóia o voto distrital é uma alegria e, ao mesmo tempo, sabendo-se que ele acha que não há tempo para instaurá-lo antes das próximas eleições, uma tristeza.

As eleições pelo sistema proporcional vão nos dar de volta exatamente o mesmo tipo de assembléias que tínhamos antes da Revolução de 1964 e que tanto nos desencantaram. Foram fechadas em 1937 e diminuídas em 1964 sem se derramar por elas uma só lágrima de saudade ou pesar. Só um novo sistema eleitoral pode nos dar um resultado diferente.

A representação proporcional procura fazer do Parlamento uma miniatura da Nação, onde se reflitam todas as suas tendências, na frase de John Stuart Mill. Mas, leva inevitavelmente à confusão, à desordem e ao desgoverno. Os deputados se tornam representantes de ideologias e não de interesses e, com isso, são mais intransigentes, turbulentos e apaixonados.

Na França, onde o sistema proporcional foi introduzido em 1945 e abolido em 1957, houve no mesmo período um ministério por ano e uma descontinuidade completa de orientação, tornando as assembléias inoperantes e fazendo o governo cair, de fato, na mão do funcionalismo permanente.

A primeira reforma que De Gaulle realizou e a primeira condição que impôs para aceitar o governo, em 1957, foi a substituição das eleições proporcionais pelo voto distrital majoritário, puro e simples.

O Partido Comunista, nas eleições de 1956, havia conquistado 145 das 490 cadeiras da Assembléia Legislativa porque dispunha de cerca de 25% do eleitorado. Introduzido o voto distrital, elegeu, nas de 1958, apenas 10 deputados, pois embora continuasse com a mesma proporção do eleitorado, era majoritário em apenas 10 distritos.

Havendo um só representante por distrito eleitoral, ganha o que atende melhor a todas as inclinações, ou seja, o moderado que consegue congregar o maior número, e ficam pelo caminho os extremos da direita e da esquerda.

Isso conduz, naturalmente, a dois Partidos, como na Inglaterra e nos Estados Unidos, pois os menores, não sendo majoritários em distrito algum, tendem a desaparecer. Isso impede anomalias como a de Hitler, que chegou ao Poder apesar de liderar um Partido minoritário, o mesmo se dando com Gohwald na Checoslováquia, vitorioso com apenas 38% de votos, devido às divisões causadas pelo voto proporcional.

Para uma Câmara de 350 deputados, como a nossa atual, serão precisos 350 distritos, o que significa, para uma população de 113 milhões, distritos que tenham, grosso modo, 300 mil habitantes, cada um. Serão distritos maiores que os ingleses ou franceses, que contam cerca de 100 mil, mas bem menores que os dos EUA, que contam em torno de 500 mil (435 deputados para 220 milhões de habitantes).

Com as circunscrições eleitorais reduzidas a 300 mil habitantes, o número de pessoas a quem o deputado precisa se dirigir e o espaço que tem de percorrer na campanha é muito menor do que atualmente. Em São Paulo, hoje, os candidatos se dirigem a 20 milhões de pessoas, numa área de 250 mil quilômetros quadrados.

O candidato não precisará mais de aviões, imprensa ou televisão. Numa área com a densidade populacional de Copacabana, poderá visitar a pé todos os seus eleitores, sem precisar despender um ceitil.

Assim se porá fim à influência do poder econômico, necessário para se dispor daqueles meios de comunicação, e se acabará com as apresentações inúteis de dezenas de candidatos, na televisão, com dois minutos para cada um, que não bastam sequer para gravar seu nome e sua fisionomia.

O eleito se aproximará do eleitorado, tornando-se mais sujeito ao julgamento dos seus eleitores, que poderão abandoná-lo na eleição seguinte, se ele não corresponder às suas expectativas.

Contra o voto distrital alegar-se-á que ele traz ao Parlamento políticos de prestígio no distrito, mas talvez acanhados, tacanhos, sem visão fora dele, ao passo que a representação proporcional estende-se por todo o Estado e leva ao Congresso homens de maior experiência, que asseguram uma orientação mais esclarecida em política nacional.

Não é, entretanto, procedente a alegação.

Um homem que consegue se impor a um eleitorado de 300 mil habitantes não será nunca uma pessoa medíocre, de poucos merecimentos, enquanto que no sistema proporcional temos visto pessoas desconhecidas se elegerem com 400 e até menos votos, aproveitando as sobras da votação de outros.

Dir-se-á, também, que o voto distrital impede a eleição de homens eminentes que tenham, espalhados pelo Estado, uns poucos votos em cada distrito, os quais somados poderiam elegê-los, mas que não dispõem, em distrito algum, da quantidade de votos necessária para vencer, o que priva o país de sua participação na elaboração das leis.

Na Inglaterra e na França, quando um dos Partidos dominantes quer trazer para o seu seio uma dessas eminências, sempre encontra um distrito onde lançá-lo com vitória segura, sendo que na Inglaterra se reserva 12 cadeiras parlamentares para as Universidades.

Seja como for, esses inconvenientes, se é que existem, são bem pequenos diante do que se procura alcançar com o voto distrital, e todas as decisões na vida são uma escolha entre benefícios e malefícios.

Urge o voto distrital e se não é mais possível introduzi-lo para as próximas eleições, que estas sejam provisórias e se convoquem outras para alguns meses depois, na base da representação puramente distrital e uninominal.

Se deixarmos para mais tarde a mudança, ela nunca se fará.

Jornal do Brasil, RJ, 12.11.1977

Heranças

Fala-se, cada vez mais, na tributação das heranças e doações. Se o nosso objetivo é melhorar dessa forma a distribuição da renda nacional, devemos nos lembrar que em fins do ano passado a renda média de cada brasileiro era de 1 mil 600 dólares por ano.

Para uma população de 110 milhões, são 176 bilhões de dólares de renda nacional ou Cr$ 3 trilhões 520 bilhões. A renda tributária da União prevista para 1979 é de Cr$ 414 bilhões.

Remanejar a distribuição de Cr$ 3 trilhões 500 milhões, dispondo apenas de Cr$ 414 bilhões, não será fácil. E ainda que se pudesse alterar distribuição da renda destinando toda a receita federal a esse fim não seria certamente com um imposto sobre as heranças que se pode ir longe.

Esse imposto não será novidade para nós. Já o tivemos durante mais de 150 anos. Criado pelo alvará de 17 de junho de 1809, como imposto nacional, desde as leis nº 38 de 1834 e 99 de 1835, passou às províncias e assim continuou, quando elas se tornaram Estados pela Constituição de 1891, e hoje ainda lhes cabem, pelo Art. 21 da Lei de 1969.

Será que agora vamos alterar a Constituição contrariando nosso propósito de tornar mais verdadeira a "República Federativa do

Brasil", ou será que vamos deixá-lo na competência dos Estados, e agir sobre eles para que o estabeleçam, ferindo a sua autonomia?

O imposto, em 1809, foi a princípio modesto. Excluíam-se as heranças entre pais e filhos e a alíquota para estranhos e outros parentes era a décima da herança ou legado. Com o tempo, as taxas cresceram.

No Rio de Janeiro, antigo Distrito Federal, chegaram, em 1964, a 20% entre ascendentes, descendentes e cônjuges, e a 50% entre estranhos, nas heranças de mais de Cr$ 250 mil. Não se podia fazer um legado de valor à Santa Casa sem que a Prefeitura ficasse com metade dele. Em São Paulo, as alíquotas eram semelhantes, com um acréscimo nacionalista para herdeiros que residissem no exterior.

Mas, apesar de suas altas taxas, a receita era mínima. No Rio de Janeiro, em 1956, apenas Cr$ 174 mil 89, numa arrecadação total de Cr$ 8 milhões 707 mil 213. No estado de São Paulo, Cr$ 378 mil 505, numa receita total de Cr$ 21 milhões 733 mil 834. Menos de 2% da receita desses estados.

A escassez devia-se sobretudo à existência de ações e títulos ao portador, que eram divididos pelos herdeiros entre si e escamoteados ao inventário. E os imóveis que não era possível esconder, eram avaliados a preço vil, graças à boa vontade (ou maus costumes) dos avaliadores. Tão baixas eram as avaliações que ninguém as levava a sério, e tão geral era a prática que só raros herdeiros se pejavam dos meios usados para obtê-las.

A revolução de 1964, num ato de esclarecido saneamento fiscal, resolveu abolir o imposto sobre heranças e doações, só o mantendo sobre imóveis (Emenda Constitucional nº 18 de 1965) e reduzindo-o a 2%, nível em que ninguém o evitava (Ato Complementar nº 27, de 1966). Nenhuma objeção fizeram os Estados à supressão de um imposto que tão pequena renda lhes trazia, talvez insuficiente para cobrir o custo e o trabalho de sua arrecadação.

O seu restabelecimento pode ter talvez agora um efeito prejudicial sobre a arrecadação do imposto de renda, fazendo com que contribuintes omitam, nas suas declarações, bens que esperam ter o justo prazer de deixar a seus filhos. Quanto mais aumentam os impostos, mais se induz à sonegação.

Mas tudo isso é secundário no contexto do nosso atual objetivo principal, que é o de combater a inflação. Em vez de cair, ela está aumentando e, infelizmente, parece que estamos seguindo um caminho diametralmente oposto àquele que devíamos tomar. Não é aumentando impostos, nem "resfriando a economia" (reduzindo a produção), nem ameaçando açambarcadores, nem controlando preços ou câmbio, que se baixa o custo de vida.

Os Estados Unidos se fizeram, rapidamente, no século passado, com moeda estável e liberdade de comércio, limitando-se em matéria de dirigismo quase que só a uma barreira alfandegária contra as importações. Esse modelo teria igual desempenho no Brasil, mas, felizmente, não precisamos de modelos estrangeiros. Temos muito próximos de nós os rumos traçados por Castello Branco, que, com uma política liberal de preços, abolindo impostos, como o das sucessões e o do selo, e reduzindo outros, como o de renda sobre bonificações, criou o "milagre brasileiro" que impressionou o mundo inteiro e que fez a nossa produção aumentar 11% ou 12% por ano, nos começos desta década.

Tão forte foi o nosso crescimento que se generalizou a frase "Ninguém segura o Brasil". Ao que Carlos Lacerda, achando ainda insuficientes as medidas tomadas, acrescentava: "Então por que não o soltam?"

Jornal do Brasil, RJ, 07.04.1979

Tabelamento

O TABELAMENTO DO PREÇO DOS MEDICAMENTOS vem desde os tempos coloniais.

No Arquivo Público Mineiro conserva-se um exemplar do Regimento de Preços promulgado por El Rey, em 17 de maio de 1742, e lindamente decifrado pela paleóloga Denise Magnólia Barbosa.

Feito com grande antecedência, valeu de 1º de janeiro de 1746 ao mesmo dia de 1749 (o que mostra bem a ausência de inflação da época) e contém dois preços, um para os boticários dos portos do litoral, visitados por navios portugueses, e outro, sensivelmente maior, para os do interior. À semelhança de hoje, manda que os boticários tenham na botica a tabela e a mostrem a quem pedir.

O tabelamento limitava-se à fixação de preços máximos. Diz Dom João V na Resolução: "E não poderão os mesmos boticários vender os ditos medicamentos por maior preço".

Hoje se vai muito além disso em matéria de controle de preços farmacêuticos.

A Resolução 7-A do CIP (Conselho Interministerial de Preços), de 9 de fevereiro de 1972, fixa preços tanto para a venda pela farmácia quanto para a venda pelo fabricante e estabelece os descontos que este pode dar ao atacadista ou varejista. A Resolução chega ao extremo de mandar que as vendas sejam feitas para pagamento em 60 dias e de fixar em 5% o desconto para pagamento à vista e em 2% o desconto para pagamento em 30 dias. Como o dinheiro custa mais do que isso, não há no comércio farmacêutico quem pague à vista.

O CIP tolera que se venda ao público por menos do que o preço que estabelece, como fazem as Drogarias Pacheco e do Povo, porque, nesses casos, o abatimento beneficia diretamente o consumidor. Mas não admite desconto diferente do que ele estabelece, nas vendas de fabricante a atacadista ou varejista. Ainda que premido por dificuldades financeiras, o fabricante não pode vender por menos.

Em 1978, quinze laboratórios não puseram em vigor a nova tabela do CIP na data estabelecida. Por isso, no ano seguinte, quando autorizou novos preços, o CIP proibiu aqueles quinze fabricantes de pô-los em vigor antes de decorrido o mesmo prazo que haviam perdido ao adotar a tabela no exercício anterior. Dessa forma, estranhamente, os condenou a repetir o ato que considerou irregular num ano antes: atrasar-se no cumprimento da tabela.

Um desses fabricantes, a Laboterápica Bristol, requereu mandado de segurança. O CIP informou ao juiz que a impetrante e os outros, deixando de pôr em prática os novos preços, causaram prejuízo aos demais fabricantes, que não puderam aplicá-los enquanto havia quem vendesse por menos. O Procurador da República, apoiando o CIP, ironizou, declarando que a Bristol não podia se queixar porque, se em 1978 tinha tido necessidade de três meses para por em prática os novos preços, certamente iria precisar do mesmo prazo em 1979.

O juiz, por sua vez, entendendo que assistia ao CIP o direito de fixar datas para a entrada em vigor de novos preços, denegou o mandado e sua decisão foi confirmada pelo Tribunal Federal de

Recursos, em sessão plenária, dizendo o acórdão que não tinha havido aplicação de pena.

Se o caso tivesse chegado ao Supremo Tribunal Federal é possível que tivesse solução diferente, no sentido de que é possível estabelecer preços máximos, mas não se admitem preços obrigatórios, abaixo dos quais o comerciante não possa vender.

A Constituição, no artigo 160, diz que a ordem econômica se baseia na liberdade de iniciativa e, no artigo 163, só permite a intervenção no domínio econômico quando "indispensável por motivo de segurança nacional ou para organizar setor que não possa ser desenvolvido com eficácia no regime de competição e de liberdade de iniciativa". Ora, não há como sustentar que a indústria farmacêutica afete a "segurança nacional" ou não possa se desenvolver no regime de competição e livre iniciativa.

Além disso, a Resolução 7-A não tem base legislativa segura. Ela se alicerça na finalidade do CIP, constante do Decreto-lei nº 808, de 4 de setembro de 1969, cujo art. 1º diz que ele é o órgão através do qual o Governo Federal fixará e fará executar a política de preços no mercado interno. Nas palavras "fixará (...) a política de preços" leu o CIP carta branca não apenas para fixar preços máximos, mas também para estabelecer preços obrigatórios e regular, nos mínimos detalhes acima apontados, a vida da indústria farmacêutica e as relações entre os que participam dela.

A SUNAB — Superintendência Nacional do Abastecimento — pois são vários os órgãos que mexem com preços — fez coisa parecida, com relação ao pão, quando, pela Portaria nº 58, de 6 de dezembro de 1976, estabeleceu preços máximos para o pão francês ou comum e proibiu "a produção e venda de pães especiais com formato alongado ou de bisnaga, com ou sem pestanas".

A Distribuidora de Comestíveis Disco S.A., que produzia um pão "careca" de tipo especial, não obedeceu à proibição, pois o vendia ao mesmo preço do pão comum. Em conseqüência dessa desobediência, foi multada pela SUNAB, mas em juízo a multa foi cancelada, porque o preço de seu pão especial não era superior ao do pão comum, conforme decidiu o juiz em sentença confirmada pela 5ª Turma do Tribunal Federal de Recursos.

Nesse caso da SUNAB, a fonte legislativa não era vaga, como no caso do CIP, porque a Lei Delegada nº 4, de 26 de setembro de 1962, só lhe dá poderes para "tabelar os preços máximos" (Art. 6º incisos III e IV).

Voltando ao tempo da Colônia, a farmácia então se limitava a vender matérias-primas e preparados muito simples. A tabela do Regimento que mencionamos divide-se em seções assim tituladas: raízes, paus, fungos, cascas, ervas, flores, frutas, sementes, licores, minerais, partes de animais, xaropes, cordiais e opiados, electuários, pós simples e compostos, farinhas, pílulas, cozimentos, conservas, bálsamos, óleos, emplastros, óleo... moes (a paleóloga não conseguiu decifrar essa palavra), sais e espécies.

Tratando-se de matérias-primas e preparados elementares, é mais fácil fixar preços sem grande arbitrariedade, porque são coisas produzidas por muitos e vendidas por muitos, de modo que a concorrência fornece elementos para a fixação de preços. Mesmo assim, quando se faz um trabalho para valer por três anos, como o de 1742, não se levam em conta carências nas entressafras ou perdas causadas por calamidades públicas. Quando estas ocorrem, a mercadoria desaparece e só pode ser obtida no câmbio negro. Por outro lado, nos períodos opostos, em que há abundancia por condições climáticas favoráveis, excesso de plantio devido a preços elevados ou por circunstâncias fortuitas como seria, no tempo da Colônia, a chegada de várias esquadras do Oriente ao mesmo tempo, trazendo especiarias, a tabela é desnecessária, porque os preços descem abaixo dela.

Assim, já naquele tempo, o tabelamento era inútil e contraproducente. E, se assim era então, ainda mais o é na época de hoje, em que a farmácia vende produtos industrializados; as dificuldades de acertar com o justo preço são maiores, e, na verdade, insuperáveis. Cada produtor tem para o seu produto uma fórmula diferente e não há preços concorrentes por onde se guiar. O tabelamento se faz pelo custo da produção e sobre ele se acrescenta uma margem de lucro. Como, porém, no custo, a matéria-prima entra por quase nada e tudo é fruto de invenção, pesquisa e máquinas, cometem-se as maiores injustiças, dando-se preços diferentes a laboratórios diferentes, para produtos quase idênticos.

O controle de preços tem sido causa constante da desnacionalização de nossa indústria farmacêutica. Nomes tradicionais, como Moura Brasil, Orlando Rangel e Silva Araújo, já desapareceram, absorvidos pelas multinacionais, que têm mais fôlego para resistir a preços insuficientes do que um pequeno laboratório.

O governo vem nos dando agora, graças a Deus, alguns sinais de um regime mais liberal em matéria de controle de preços, mas com a ameaça de voltar a ele se os produtores abusarem, isto é, se os preços continuarem a subir. O melhor seria suprimir o controle completa e definitivamente, revogando as leis que o permitem, para que haja segurança para novos empreendimentos, os quais trarão os empregos de que tanto precisamos. E assim se esquecerá a miragem do tabelamento, que não consegue conter o efeito irreprimível das emissões de papel-moeda e tem o veso injusto de atribuir à ganância dos comerciantes as conseqüências da expansão dos meios de pagamento.

Jornal do Brasil, RJ, 16.02.1981

A Tributação

do capital e do trabalho

Quando se tratou de instituir o imposto de renda na Inglaterra, em meados do século passado, muito se discutiu se deveriam tributar-se do mesmo modo as rendas do trabalho e as do capital, ou, para usar termos escolhidos creio, por John Stuart Mill, as rendas "laboriosas" e as "preguiçosas".

Prevaleceu a igualdade de tratamento para ambas, sob o princípio de que cada um deve contribuir para o sustento da máquina do estado conforme suas possibilidades, qualquer que seja a natureza de sua renda.

Quando aqui instituímos o imposto de renda, nos anos de 1920, surgiu o mesmo problema e nós adotamos o caminho mais liberal, o de tributar menos as rendas laboriosas do que as preguiçosas.

Para isso dividiu-se o imposto em duas partes, uma cedular, segundo a natureza da renda, e outra progressiva, para o conjunto de cédulas.

Pela primeira, cedular, os rendimentos do capital pagavam 5% e os do trabalho, 1%. Pela segunda, progressiva, todas as rendas estavam sujeitas à mesma tabela, que ia de 0,5% a 8%. Somados os dois impostos, as rendas do trabalho, acima do nível do progressivo, pagavam 9% e as do capital 13%.

Essa diferença a favor do trabalho era, porém, inexistente na prática. Primeiro porque toda a renda agrícola estava excluída do imposto cedular e, segundo, por causa dos títulos ao portador. Os acionistas das sociedades anônimas convertiam as suas ações em ações ao portador e omitiam os dividendos na declaração, aproveitando-se da quase impossibilidade de serem descobertos. Na verdade, o trabalhador pagava até 9% de imposto e o acionista nada.

O governo provisório, diante disso, criou, em 1932, um imposto de fonte, sobre as ações ao portador, tributando seus dividendos em 4%, dispensada a inclusão na declaração anual de renda.

Assim, enquanto o trabalhador de salário elevado pagava até os 9% de imposto, o capitalista, por maior que fosse a sua fortuna, pagava menos da metade sobre seus dividendos.

Pouco a pouco o imposto de renda foi subindo, tanto o de fonte, quanto o progressivo, mas nunca desapareceu a desvantagem do trabalho.

As alíquotas do progressivo, por exemplo, chegaram a 50% em 1947, mas o imposto de fonte dos dividendos das ações ao portador só subiu para 15%.

No governo João Goulart houve uma vigorosa investida contra as ações ao portador, aumentando-se o imposto de fonte de 15% para 45%. Aumentou-se, também, o progressivo, embora menos, (de 50% para 65%), deixando, sempre, persistir a desvantagem do trabalho.

A luta contra o privilégio das ações ao portador prosseguiu no governo Castello Banco, que, em julho de 1964, elevou o de fonte a 60%, a não ser que o acionista preferisse identificar-se e incluir o dividendo na sua declaração anual.

Desse pináculo, e nesse mesmo ano de 1964, no mês de novembro, houve uma queda abrupta. A lei 4.506, num dos seus últimos artigos, o de número 84, reduziu o imposto de fonte a 20% no exercício de 1965, e a 15% no de 1966, para os acionistas das grandes empresas, das assim chamadas "sociedades abertas", e a 25% para os das demais, fossem suas ações nominativas ou ao portador. Limitou o progressivo ao máximo de 50% e elevou o das pessoas jurídicas a 28%. Ao mesmo tempo, suprimiu o imposto cedular, que onerava o capital mais que o trabalho.

A alíquota baixa para os acionistas das grandes sociedades foi adotada a fim de carrear para elas maiores recursos. O Brasil estava por demais na dependência do capital estrangeiro e precisava ter empresas de grande porte que pudessem realizar investimentos que só as estrangeiras enfrentavam.

A disparidade entre o capital e o trabalho, acrescentava-se, não era tão grande quanto parecia. Ao imposto pago pelo acionista devia-se somar o que era pago pela sociedade. Assim na verdade, o acionista da sociedade aberta pagava 43% (28% + 15%).

Mesmo admitindo como válido esse argumento, apesar de se tratar de dois contribuintes diferentes, a diferença era a favor do capital.

O assalariado que recebesse mais de Cr$ 16 milhões (antigos) por ano, que hoje corrigidos, são Cr$ 1 milhão ou Cr$ 80 mil por mês, pagava, pelo progressivo, mais de 43% sobre a sua renda.

Dessa injustiça escapava uma classe pequena e reduzida, a dos profissionais liberais que trabalhavam associados. A sua pessoa jurídica social recebia tratamento preferencial, uma alíquota especial de 10%, porque a sua receita provinha do trabalho dos seus sócios e não do seu capital, que era desnecessário ou insignificante. Desse modo, o seu imposto de 10% + 25%, se pagassem pela fonte, ou 10%, mais o progressivo, se preferissem essa alternativa, ficava aquém do pago pelos acionistas das sociedades comerciais.

Essa vantagem, porém, das sociedades profissionais, desapareceu em 1979, quando, esquecendo a origem diferente de sua receita, aumentou-se o imposto da pessoa jurídica para 35%, sem estabelecer para elas uma taxa menor. Seus sócios passaram a ter de contribuir com 60% (35% + 25%) do produto do seu trabalho, se quisessem pagar na fonte, podendo o imposto ir até 90% se deixassem para pagá-lo na declaração, pois aos 35% da sociedade somavam-se os 55% do nível máximo da tabela progressiva.

Nos Estados Unidos não podia ocorrer isso. Lá não se tributam as sociedades de pessoas. O fisco calcula o imposto dos sócios como se as sociedades não existissem e divide os rendimentos e as despesas da sociedade entre os sócios, na proporção de suas quotas.

Diz o Internal Revenue Code: "Sec. 701 — Partners, not partnership, subject to tax. A partnership as such shall not be subject to the income tax imposed by this chapter. Persons carrying on business as partner shall be liable for income tax only in their separate or individual capacities". *

A desigualdade de tratamento entre os rendimentos dos acionistas das sociedades abertas e os sócios das sociedades profissionais foi corrigida pelo Decreto nº 1.790, de 9 de junho do ano passado (1980), que estendeu a esses sócios o mesmo direito dos acionistas das abertas de pagar imposto na fonte, à taxa de 15%.

Mas persiste a injustiça fundamental de se tributar, acima de certo nível, as rendas "laboriosas" mais do que as "preguiçosas", como persiste a de tributar os acionistas das sociedades menores mais de que os das grandes.

Exigem a justiça e o princípio da isonomia, que é o do tratamento igual de todos os cidadãos, que se estenda quanto antes a todos os contribuintes a faculdade de pagar na fonte o seu imposto à mesma

* "Parceiros, não parceria, sujeitos a taxa. Parcerias como essa não estarão sujeitas ao imposto de renda estipulado neste capítulo. Pessoas que estejam fazendo negócios em parceria poderão ser suscetíveis de pagar imposto de renda apenas na esfera de suas capacidades individuais, em separado".

taxa que o fazem os acionistas das grandes sociedades abertas, caso não se queira ir além e voltar à idéia inicial de taxar menos as rendas laboriosas. A cobrança pela fonte é a única verdadeira e eficaz. Ela evita a desvalorização da moeda e torna mais suave o pagamento, fazendo desaparecer a injustiça principal do imposto de renda, que é obrigar o contribuinte a se acusar. Na frase feliz de Mill, o imposto de renda por declaração é, no fundo, um imposto sobre a própria consciência porque, quanto mais consciencioso for o contribuinte, maior será o imposto que terá que pagar.

Jornal do Brasil, RJ, 15.11.1981

Direito Autoral

Não há nada que nos pertença mais do que as nossas idéias. Pode-se discutir o direito de propriedade do homem sobre a terra, as minas, a água, e tudo que Deus criou e lhe confiou, mas a do homem sobre suas idéias é incontestável. Podemos exprimi-las ou retê-las e ninguém as pode ter sem a nossa colaboração.

Não teve o direito dificuldade em reconhecer a propriedade do homem sobre as coisas materiais, sobre o móvel que fabrica, a plantação que semeia, o pano que tece:

"Da obrigação de trabalhar decorre o direito de propriedade" — diz Kock-Preus, no seu *Manual de Teologia Moral* — "isto é, o direito de adquirir, possuir livremente e dispor dos frutos materiais do trabalho, ou seja, dos bens que são o resultado do esforço individual e pessoal do homem".[*]

Mas, quanto aos produtos da inteligência, o direito escrito antigo não tomou deles conhecimento. Não há nem na Bíblia, nem no *Corpus Juris*, traços do direito autoral. Há quem sustente que a lei Fabia de *plagiariis*[**] punia o plágio, mas Maynz não lhe dá esse sentido[***] e o

[*] *Handbook of Moral Theology*, Londres 1926, Vol. III, p. 143

[**] Rosmini, *Diritti d'Autore*, Milão 1896, p. 8.

[***] Maynz, *Cours de Droit Romain*, Bruxelas 1876, p. 180, nota 53.

fragmento que dela resta só trata do furto de escravos.* A confusão talvez venha do fato de se dar à palavra *plagium*, que significava genericamente roubar ou espoliar, o seu sentido atual de reprodução fraudulenta ou não autorizada de um trabalho alheio.

Entretanto, sendo o direito autoral uma realidade, ele não deixava de surgir aqui e ali. No tempo dos gregos e romanos, os autores teatrais negociavam suas peças com empresários, e os escritores e poetas vendiam suas obras a agências de copistas. Na Idade Média, encontro uma referência a direito autoral, no tempo de Eduardo I (1239-1307), na reivindicação das Universidades do direito exclusivo de tirar cópias de livros, cujos autores lhes houvessem transferido esse direito sem restrições**, mas foi só depois de Gutemberg, com a grande divulgação dos impressos, que surgiu interesse econômico suficientemente forte para influir no espírito do legislador, influência que não se fez sentir a favor do escritor, mas a favor dos editores, para proteção do investimento que faziam nas edições.

Os privilégios ou cartas-patentes eram um favor real e, muitas vezes, não tinham qualquer relação com o direito do autor, sendo dadas à sua revelia e em benefício alheio. Luís XV, em 1717, deu a um livreiro em Paris o direito exclusivo de publicar as obras de Virgílio — Publius Vergilius Maro — e de outros autores clássicos***, mortos há muitos séculos.

Os privilégios, a princípio, eram concedidos com grande generosidade de prazo. Uma lei de 1775 deu às Universidades de Oxford e Cambridge o direito exclusivo de publicar *for ever* as obras cujos direitos autorais lhes fossem concedidos sem restrições****. Mas depois, quando se começou a ver que o privilégio devia ser do autor, e não do

* *Corpus Juris Civilis*, Berlim 1902, p. 808.

** Stephens, *Commentaries on the Laws of England*, London 1914, Vol. II, p. 49.

*** Rosmini, obra citada.

**** Stephens, obra citada.

editor, o legislador se tornou mais avaro. Vejo em minha estante a *Corografia Brasilica*, publicada no Rio de Janeiro em 1817, com privilégio só por quatorze anos, e uma edição do *Tratado da Higiene*, de Francisco de Mello Franco, publicada em Lisboa em 1819, debaixo do privilégio da Academia de Ciências, que só valia por dez.

De então para cá esse fluxo veio se invertendo, dando-se maior extensão ao direito do autor, passando a beneficiá-lo pela sua vida e a seus herdeiros por mais alguns anos, ou mesmo por outra vida, como é hoje no Brasil[45]; mas ainda não se chegou a dar aos trabalhos imateriais a garantia indefinida que se dá às obras materiais, nem a reconhecer que esse é um direito de propriedade.

Sustenta-se que as idéias não são suscetíveis de propriedade porque podem ocorrer a diversas pessoas e provêm de um fundo cultural, comum a toda a humanidade. Entretanto, sempre se teve horror ao plágio, que é uma apropriação da obra alheia, e se admite o privilégio da invenção, em que a idéia é o cerne do direito. Não teria sido difícil, talvez, chegar à conclusão de que pode haver um condomínio da idéia, em que os condôminos tenham, cada um, o uso dela, condomínio sempre aberto aos novos a quem ela ocorra honestamente, mas fechado aos que a colham em outra fonte.

Em vez disso, insistiu-se em negar a propriedade da idéia e admitir apenas a da forma pela qual era expressa, sujeitando o principal ao acessório, o ser à sua roupagem.

Argumenta-se que só pela forma se pode conhecer o plágio, pois ninguém pode saber como a idéia ocorreu ao autor. Entre-

---

[45] Nas patentes de invenção, o prazo continua curto, mas isso é porque nelas se dá um privilégio *ergo omnes*, contra todos, inclusive outros a quem a mesma idéia possa ter ocorrido honestamente. E no direito autoral o privilégio só vale para excluir a pirataria.

tanto, quando num livro numerosas citações de autores diferentes são as mesmas, *ipsis litteris*, começando na mesma palavra e terminando na mesma em que aparecem em outro, não há dúvida razoável possível de que o segundo autor apropriou-se do trabalho do primeiro, sem realizar esforço próprio. Do mesmo modo, quando num romance a coincidência com as idéias e imagens de outro é tão grande que não é possível, sensatamente, duvidar do plágio.

Clóvis Beviláqua, lídima glória nossa, foi dos primeiros juristas a elevar o direito autoral à condição de um direito de propriedade, oponível ao próprio Estado, como fez no nosso excelente Código Civil.

Ele foi muito além da Declaração Universal dos Direitos Humanos, das Nações Unidas, que veio trinta anos depois, e que não ousou afirmar que o direito autoral era um direito de propriedade, dizendo apenas que "todo homem tem direito à proteção dos interesses, morais e materiais, decorrentes de qualquer produção científica, literária ou artística de que seja autor" (art. 27).

No fundo, as declarações de direitos do homem, desde a de Lafayette até a atual, são obras do engenho humano que falha quando procura alcançar alturas que só por inspiração divina nos podem ser reveladas. Essas cartas de princípios fundamentais são o resultado lastimável do "dá-cá-toma-lá" das deliberações coletivas, de que participam pessoas de culturas diferentes, e da miserável composição entre aquilo que se acha certo e aquilo que se pode conseguir. Basta ver que, na Declaração Universal, não consta o direito de nascer, que deveria figurar em primeiro lugar, mas que tem de ser posto de lado pelos entrechoques dos que são a favor do aborto e dos que são contra, de forma que, numa declaração universal dos direitos humanos, em que se desce a minúcias do processo judiciário dos adultos, não há uma palavra que condene a interrupção da gestação de um nascituro, nem mesmo a poucos dias do seu termo.

Também por motivo semelhante, nada diz aquela Declaração sobre a monogamia, que foi a maior conquista social da humanidade, pela qual cada homem passou a ter direito a uma mulher, quando antes podia ter diversas, ficando outros sem nenhuma, dado o equilíbrio numérico dos sexos. Mas, como as religiões hindu e árabe ainda admitem a poligamia, não era possível inscrever a monogamia entre os direitos fundamentais do homem.

Clóvis, incluindo o direito autoral no de propriedade, livrou-o das fronteiras de um país. Assim como a propriedade de um objeto adquirido na China é reconhecida no Brasil, independente de convenção internacional, assim também passou a ser para nós com as idéias:

"A lei nº 2.577, de 17 de janeiro de 1912, estendeu a proteção jurídica às obras publicadas em país estrangeiro, aderente a convenções internacionais sobre a matéria. O Código depurou esse regime, expungindo-lhe as restrições. Não faz distinção entre nacionais e estrangeiros, quanto ao gozo dos direitos civis (art. 3º). Não faz depender esse gozo de residência, nem estabelece qualquer restrição quanto aos direitos do autor".[46]

E o nosso Código Penal, quando pune os que violam direito autoral (art. 184), não inocenta os que plagiam obras estrangeiras, ainda que de países com os quais o Brasil não tenha convenção.

A nossa mais recente lei sobre direito autoral, a de 1977, infelizmente levanta uma dúvida a esse respeito, quando diz que "os estrangeiros domiciliados no exterior gozarão da proteção dos acordos, convenções e tratados pelo Brasil".

Por que essa exigência de convenção? Será pelo receio de que não haja reciprocidade e que estejamos dando sem receber? Não sabemos, e não queremos acreditar em tão acanhado objetivo.

---

[46] Comentário ao Art. 649 do Código Civil.

Esperemos que a esclarecida jurisprudência dos tribunais, decidindo em face dos problemas concretos da vida e não na abstração dos gabinetes, venha expungir a dúvida, deixando que continuemos no caminho elevado em que nos pôs Clóvis Beviláqua.

Jornal do Brasil, RJ, 13. 01. 1982

Juros

Os Estados Unidos estão com um enorme déficit orçamentário devido principalmente às suas despesas militares na competição de armamentos com a Rússia.

O Presidente Reagan não quer aumentar os impostos para não diminuir a recuperação da indústria e do comércio, agravando o desemprego.

O déficit, ele o financia indo ao mercado de dinheiro e competindo com o público. Como as quantias de que precisa são muito grandes, é obrigado a oferecer juros cada vez mais altos, custando-lhe isso hoje 8 ou 9% ao ano em letras de curto prazo, chegando a 13% em títulos de prazo longo. Não podendo emitir papel-moeda para resgatar seus títulos, como faríamos no Brasil, porque lá as emissões dependem do Banco Central — o *Federal Reserve Bank* — que é muito independente e sua diretoria está empenhada (como aliás o próprio Reagan) em conter a inflação, o governo é obrigado a rolar sua dívida a um custo cada vez maior. Se o *Federal Reserve Bank* concordasse em aumentar o meio circulante, isso de nada valeria, porque a oferta de dinheiro crescendo mais do que a produção agravaria a inflação, o que faria, também, subir os juros, além de anular os excelentes resultados que os Estados Unidos têm conseguido, na contenção dos preços, limitado seu crescimento a 5 ou 6% por ano.

Caso o governo americano pudesse emitir para cobrir o déficit orçamentário, seria melhor para nós, porque embora os juros subissem, os preços dos nossos produtos subiriam também e a taxa real dos juros ficaria no mesmo nível ou, mesmo, diminuiria.

Os Estados Unidos com uma moeda, pode-se dizer, estável, oferecendo juros tão altos quanto os que estão oferecendo, tornaram-se um chamariz de capital para o mundo inteiro e os países europeus vêm assistindo indignados e impotentes à fuga do seu dinheiro para o paraíso americano e ao aumento dos juros nos seus próprios mercados, que a competição americana provoca. Por isso protestam, exigindo que os Estados Unidos reduzam os juros cobrados no seu país. Mas como? Não é, por certo, pelo gosto de pagar juros altos que o Governo americano mantém a situação como está, mas porque muitas soluções, como a da emissão, lhe seriam extremamente penosas, representando o abandono da política de estabilidade de preços e o refreio da nascente prosperidade e maior oferta de empregos. Se cedesse às exigências européias, depressa o país chegaria à situação em que estamos nós, em que mais se ganha aplicando dinheiro no *overnight* do que explorando uma atividade comercial ou industrial que crie empregos.

Não só os Estados Unidos não dão ouvidos aos reclamos europeus, mas acabam de tomar uma medida que deve aumentar ainda mais a fuga de capitais da Europa.

O imposto de renda americano, como o nosso, tributa os rendimentos pagos a residente no exterior, lá à razão de 30% e aqui à de 25%. Agora, porém, para atrair ainda mais capital estrangeiro, o presidente Reagan acaba de sancionar uma lei extinguindo o imposto de renda na fonte sobre valores mobiliários (*Gazeta Mercantil* de 19.07.84, p. 1).

É o fluxo de dinheiro da Europa para os Estados Unidos que cobre o enorme déficit da balança comercial norte-americana. O país importa muito mais do que exporta, mas o dinheiro estrangeiro que entra é tanto que, apesar do déficit comercial, o dólar se mantém firme e continua a se valorizar em relação a outras moedas.

Nós, também, precisamos muito de um fluxo de capital estrangeiro que nos ajude a rolar a nossa dívida externa. Mas como podemos competir com um país de orientação liberal como os Estados Unidos, que mantêm seu câmbio livre e recebem 500 mil imigrantes por ano (530 mil 600, para sermos exatos, em 1980)? Como podemos competir quando vivemos asfixiados por impostos, inflação e controle de preços e chegamos a uma situação em que, hoje em dia, mais gente sai do país do que entra?

A dívida externa que nos onera foi, em parte considerável, causada pelas nossas próprias desconfianças. Imaginando que os estrangeiros estivessem tirando lucros astronômicos do país, fizemos uma lei limitando as remessas a 12% ao ano do capital investido, sob pena de tributação do excesso à taxas confiscatórias. Basta esse teto para afugentá-lo. Se ele pode ganhar mais do que isso sem sair de casa, por que emigrar?

Mas o pior é que exigimos, também, o registro de todos os empréstimos, assumindo, em compensação, a obrigação de repatriá-los, com os juros contratados. Se tivéssemos ficado no nosso liberalismo antigo, em que havia liberdade de câmbio e não havia registro de investimentos, nenhuma responsabilidade teríamos com relação às pessoas que para aqui trouxessem o seu dinheiro. Quando suspendemos o pagamento da nossa dívida externa, em 1930, só tivemos que nos preocupar com dívidas diretas do governo federal e dos estados e municípios brasileiros, isto é, com a restituição do dinheiro que o próprio governo havia recebido. Agora, porém, não. Estamos responsáveis pela devolução de dinheiro que veio para o Brasil e que foi para o bolso de particulares. Possuidores dessa garantia, as empresas estrangeiras não financiaram mais seus empreendimentos aqui com capital de risco, e as que já o tinham feito procuraram substituir seus investimentos arriscados por outros de repatriamento garantido pelo nosso país, dessa forma aumentando enormemente a nossa dívida externa.

Não é isso, por certo, a causa da recessão que sofremos, de a produção ter caído, nos últimos três anos, 2 a 3% ao ano, com a população aumentando no mesmo ritmo, o que significa uma queda *per capita* de 5%, que é um despenhadeiro.

Mas uma coisa é certa. Se estamos caindo, no caminho em que vamos, as coisas mudarão se invertermos os sinais e tomarmos o caminho oposto. Mas será isso politicamente possível, no meio de tanto nativismo, nacionalismo, socialismo e estatização, como os que nos perseguem, sobretudo de 1973 para cá?

Jornal do Brasil, RJ, 06.08.1984

Nota Biográfica

José Thomaz Nabuco de Araujo, filho mais moço do abolicionista Joaquim Aurelio Barreto Nabuco de Araujo e de Evelina Torres Ribeiro Nabuco, nasceu no dia 27 de abril de 1902, em Londres, onde seu pai era Ministro do Governo do Brasil.

Consta no diário de Joaquim Nabuco: "Às 11 da noite menos 5' nascimento do nosso quinto filho — José Thomaz — em 52, Cornwall Gardens, S.W. Muito feliz parto. Dr. Manley Sims presente. Miss Oak King, enfermeira. Jantaram comigo Manley Sims, Cardoso de Oliveira, Silvino do Amaral".

Foi batizado em Brompton Oratory e sempre conservou a fé católica, que recebeu de seu pais e transmitiu aos seus seis filhos.

Em 1905 a família mudou-se para Washington, quando Joaquim Nabuco foi nomeado Embaixador do Brasil junto ao governo dos Estados Unidos da América.

Com a morte do pai, em 1910, José Thomaz veio para o Brasil indo morar em Petrópolis, RJ. Lá fez o curso secundário no Colégio São Vicente de Paulo.

Formou-se em direito em 1923, na antiga Faculdade de Ciências Jurídicas e Sociais, atualmente a de Direito, da Universidade Federal do Rio de Janeiro.

Trabalhou nos escritórios de advocacia Curtis, Mallet-Prevost, Colt & Mosle, no Rio de Janeiro, de 1920 a 1923, e nesse mesmo escritório, em Nova York, de 1924 a 1925 — ao mesmo tempo que estudava na Universidade de Columbia. Foi advogado do Departamento Legal das Empresas Elétricas Brasileiras, no Rio de Janeiro, de 1927 a 1930.

Durante a Revolução de 1930, serviu no 2º. Regimento de Infantaria, tomando parte em operações no norte do Estado do Rio.

Casou-se com Maria do Carmo de Mello Franco em 1931, no Rio de Janeiro, em cuja companhia atravessou toda a vida.

Abriu seu próprio escritório de advocacia no Rio de Janeiro em 1930, onde trabalhou ininterruptamente por mais de 50 anos.

Desde moço interessou-se por estudos econômicos. Fez parte da delegação do Brasil à Conferência Econômica Mundial de Londres, de 1933, tendo publicado com freqüência artigos sobre economia.

Presidente do Hospital dos Estrangeiros, de 1941 a 1946. Vice-Presidente do Instituto Brasil-Estados Unidos, de 1944 a 1946. Presidente do mesmo Instituto, de 1949 a 1950. Membro da Comissão Internacional de Juristas, sediada em Genebra, indicado pelo Congresso Internacional de Juristas de Berlim Oriental, em 1952. Foi vice-presidente desta organização.

Membro da Comissão de Arbitramento do Acordo Internacional do Café, em Londres, 1962. Presidente do Instituto Cultural Brasil-Japão, de 1972 a 1975. Membro da Ordem dos Advogados do Brasil, do Instituto dos Advogados Brasileiros, do Instituto Brasileiro de Direito Financeiro, da Sociedade de Direito Aeronáutico, do Comitê de Arbitramento Comercial Inter-Americano, da Sociedade Brasileira de Direito Internacional. Foi fundador da Ação Comunitária do Rio de Janeiro. Pertenceu à Ordem de Malta. Foi sócio-honorário do Instituto Histórico e Geográfico Brasileiro.

Co-autor de "Exposição das Leis do Brasil que afetam os Negócios", da União Pan-Americana, de Washington D.C. Teve diversos trabalhos profissionais e artigos na imprensa publicados. Especialista em Direito Comercial, estudou a fundo o Direito Marítimo.

Dedicou-se por muitos anos a estudos demográficos, opondo-se à teoria, de origem malthusiana, da necessidade do controle populacional no Brasil. Para ele, a vida era sinônimo de riqueza. Seu primeiro trabalho sobre demografia foi uma carta dirigida em março de 1956 ao Instituto Católico da Holanda para Pesquisas Sociais-Eclesiásticas que, então, organizava concurso internacional de teses sobre o controle da natalidade.

José Nabuco foi o primeiro advogado a arrestar, por dívidas, navio de um país beligerante em porto estrangeiro durante a 2ª Guerra Mundial. Foram os navios alemães *Montevideo*, fundeado em Porto Alegre, e *Windhuk*, fundeado no porto de Santos. Contribuiu assim para o esforço de guerra aliado e para a luta pelos valores liberais e democráticos.

Em 1950, sustentou, no Instituto dos Advogados, que o Superior Tribunal Eleitoral devia negar registro à candidatura de Getúlio Vargas à Presidência, por ser ele perjuro. Perdeu por um voto. A tese, que empolgou os jovens advogados, era de que Vargas jurara defender e cumprir a Constituição de 1934 e não o fizera, estabelecendo a ditadura em 1937, o que o impedia de prestar igual juramento com respeito à Constituição de 1946.

Durante a vida, opôs-se a todas as formas de violência, abrigando em sua casa perseguidos políticos de ideais diversos.

Foi o único dos cinco irmãos que teve filhos, seis, além dos dois sobrinhos de sua mulher, que educou em sua família. Teve vinte e cinco netos e, até agora, trinta e quatro bisnetos. Faleceu no Rio de Janeiro a 13 de janeiro de 1994, aos 91 anos de idade.

Índice

Prefácio ❧ 5
FERNANDO PEDREIRA

O arresto do *Montevideo* e do *Windhuk* em portos brasileiros
Recordações de uma luta judiciária ❧ 9

O Arresto do *Montevideo* ❧ 10
O primeiro arresto do *Windhuk* ❧ 24
O reverso da medalha ❧ 31
Outros arrestos ❧ 41
A intervenção do governo ❧ 46
A proteção diplomática ❧ 50

Nabuco e os abolicionistas ingleses ❧ 53

Os escravos do Morro Velho ❧ 58
A imigração chinesa ❧ 63
Um prazo para a Abolição ❧ 64
A sociedade contra a escravidão ❧ 67
A candidatura pelo Rio ❧ 68
O Congresso de Milão ❧ 71
A depuração de Nabuco ❧ 74
A derrota eleitoral ❧ 79

Nabuco na imprensa ❧ 84
Carta ao *Times* ❧ 86
O êxito merecido ❧ 91
Visita ao Papa ❧ 93
O Treze de Maio ❧ 95
"Cães de escravos" ❧ 97

A candidatura Vargas ❧ 101
A candidatura Vargas [1] ❧ 102
Defesa da tese da inelegibilidade de Getúlio Vargas, lida no Instituto dos Advogados em 22.6.1950 ❧ 106
A candidatura Vargas [2] ❧ 113

Um curioso episódio forense no Brasil-Colônia ❧ 117

A China de Mao. Impressões de viagem ❧ 127
Pequim, 17, à noite ❧ 132
Wusi, 21 de setembro, pelas 11 horas da manhã ❧ 133
Ainda em Wusi ❧ 137
Shangai, 23 de setembro ❧ 139
Shangai, 24 de setembro ❧ 139
Cantão, 26 de setembro ❧ 142
Cantão, 27 de setembro, um jantar esplêndido ❧ 144
Hong-Kong, dia 27. Uma chinesa muito simpática ❧ 146
Hong-Kong, 28 de setembro ❧ 147
Paris, 3 de outubro. China, a grandeza que entra pelos olhos ❧ 148

Candinho Portinari ou a floresta brasileira ❧ 151

No tempo dos vice-reis, uma visita da esquadra inglesa ❧ 157

Um exame de peculiaridades da justiça inglesa ❧ 165
O direito inglês ❧ 166
A eqüidade ❧ 170
A Conquista da liberdade ❧ 172
As Garantias do judiciário ❧ 174
Trabalho judiciário ❧ 176

Trusts e *trustees*: sua origem e naturez ❧ 181
A propriedade no regime feudal ❧ 182
Direito inglês ❧ 184
Tribunais de eqüidade ❧ 185
Estatuto dos usos ❧ 187
Direito norte-americano ❧ 189
Direito brasileiro ❧ 191

Alguns artigos na imprensa ❧ 193
A missão financeira que vai a Londres, 01.03.1947 ❧ 194
Liberdade cambial, 21.10.1951 ❧ 198
Industrialização, 25.11.1951 ❧ 202
A situação econômica do Norte, 16.10.1952 ❧ 205
Defesa do dólar, 07.01.1968 ❧ 208
Natalidade, 19.05.1968 ❧ 214
A bomba atômica, 02.03.1977 ❧ 217
O voto distrital, 12.11.1977 ❧ 220
Heranças, 07.04.1979 ❧ 224
Tabelamento, 16.02.1981 ❧ 227
A tributação do capital e do trabalho, 15.11.1981 ❧ 232
Direito autoral, 13.01.1982 ❧ 237
Juros, 06.08.1984 ❧ 243

Nota biográfica ❧ 247

Este livro foi composto em tipos Jenson,

de Robert Slimbach, e impresso em outubro de 2003

para a editora Bem-Te-Vi Produções Literárias Ltda.

em papel Pólen Rustic 85 g/m², com tiragem de 1.000 exemplares

pela Rona Editora Ltda, Belo Horizonte.

N115a Nabuco, José Thomaz, 1902-1994

O arresto do Windhuk. Recordações de uma luta judiciária. Memórias, ensaios e crônicas / de José Thomaz Nabuco por ocasião de seu centenário; prefácio de Fernando Pedreira; contracapa : carta de Evandro Lins e Silva. — Rio de Janeiro : Bem-Te-Vi, 2003

256 pp. 16 x 23 cm

ISBN 85 - 88747 - 05 - 7

1. Nabuco, José Thomaz, 1902-1994. 2. Advocacia – Brasil – Biografia. I. Título.

CDD 923.481
CDU 929

Nabuco, José Thomaz
14.08.03 18.08.03

004041